博物馆里的极简中国史

文明的碎片

张经纬——著

北京联合出版公司
Beijing United Publishing Co.,Ltd.

献给我亲爱的妻子顾雯、女儿张乐虞

前言

很高兴"博物馆极简史系列"之二和大家见面了。

五年前,我在《博物馆里的极简中国史》中,用十二件文物讲述了一部中国历史。这本小书收到了读者和市场不错的反馈,让我在之后的几年里有机会围绕这个主题做了六十余场讲座、分享,和数以万计的读者进行了线下、线上的交流。

在这些分享活动中,我逐渐意识到,让博物馆内外的观众"看懂"文物并不是一件容易的事情。广大观众来到博物馆里,信心满满地要将这些中国文化的精华全部装进头脑,可往往除了拍摄网红文物打卡照片,几乎很难再有别的收获,更别说将文物记入心里了。因为博物馆里的那些藏品,从材质到类别实在太多,有的连名称都充满了生僻字。看得懂的文物是少数,看不懂的文物还是大多数。

如何让观众有所收获,又如何让文物真正

"活起来",这样的难题一直困扰着我。好在经过这几年的讲座锻炼,我已经逐步摸索出一套文物讲解的"速成"教程。

中国古人创造的各种文物,虽然跨越数千年,造型、主题看似千差万别,但它们其实有着某种特征极为鲜明的共同点。这一共同点在我头脑中盘桓许久,酝酿经年,已经迫不及待地想分享给大家了。毕竟,我就是在与读者、观众的交流中不断收获这些的。这也让我意识到,是时候该写作一本新书了。

本书在保持与前作结构一致性的同时,将推陈出新,积极做出改变。因为自前作出版以来,读者朋友们既表示了对"极简"风格的肯定,也表达了对作品的小小不满:内容太短了、图片太少了、文物太局限了,怎么都围绕江南……

在此,我要向提出宝贵建议的读者朋友们表示衷心的感谢,你们说得都对。

为了让新书既符合大家对"速成"的期待,又能满足大家对知识的渴望,本书针对上述问题,认真回应,在内容、主题、文物和图片方面都进行了全面升级。具体提升如下:

第一,本书延续了前作十二件文物讲历史的基本格局,同样选择了十二件(类)文物来讲述中国艺术史。每章分为六节,第一节讲述与文物有关的故事;第二节完成对该文物的现象学描述;第三节进入历史空间,将物质文化与时代脉络融为一体;第四节从更高的维度尝试对该文物进行结构分析;第五节展开艺术品与艺术史的对话;最后一节则揭示文物作为时代表征所具有的文化隐喻。

第二,这一写作格局其实反映了本书全新的写作思路:从文物出发,将艺术史、物质文化史、社会史、思想史、人类学糅合于一体。比方说,如果将十二个篇章的第一节单独抽出,这十二则故事便可组成一部极简中国"戏剧"文化史。而将其余小节分类辑出,可分别在文物、社会、物质文化、艺术和思想等不同方面获得独特的极简史体验。这便让我们有机会一同探究中国古人所创造的无比璀璨、丰富的物质文化制品的背后因素。同时,通过对这些古代文物的融贯理解,完成另外两个隐藏主题的揭示。

第三,本书共收入近二百张高清文物图片,几乎覆盖了青铜、陶瓷、书画、工艺以及建筑等各个博物馆收藏门类。再配上我的独家叙述,相信可以满足大多数文物爱好者的期待。

第四,在漫漫仙气的笼罩下,人类学依然构成了本书的内核,但也"藏"得更深。这有助于我们跃出一瓶一壶的文物世界,开始一种对中国古代宇宙图景的探索。

第五,本书不会再围绕江南了,这一次,我们就在江南。

最后，会有哪些文物参与到我们的探访过程，实现对中国古代艺术史的全面解读呢？从中国古人留下的无数造物中，我特意挑选了（自认为）最天差地别、覆盖面最广的十二件（类）文物，来完成这项任务。其中既有博物馆里从来不缺的青铜器、陶器、瓷器、帛画、砖画等常见文物，也有香炉、铜镜、赏石、文玩等特色文物；熟悉我写作风格的读者还会发现，里面甚至包括了皇家／私家园林、各地戏台／戏楼之类不可移动文物。它们可以是汉武帝未央宫中的鎏金铜熏炉，也可以是东汉摇钱树上的西王母造像；可以是宋徽宗华阳宫里的一块太湖奇石，也可以是清代紫禁城内的一座戏楼。如此众多的文物是如何统一到一个主题之中的？它们究竟有着怎样令人恍然大悟的共同点？希望读完本书可以满足大家的好奇心。

那么，长话短说，请各位立即戴上这副透视中国古代艺术的3D眼镜。透过这副眼镜，博物馆里的每件文物都不再是静止不动、沉默不语的。中国古人发明的虚拟现实技术，将用魔法打开一扇无比奇妙的变形之门，邀你一同进入一个瑰丽奇谲的神山天堂。

2023年8月18日

目录
Contents

第一章 博山炉与汉武帝

淮南王给汉武帝的一本奇书 _002
没有烟消云散的博山炉 _005
东有蓬莱,西有昆仑 _010
天马当从西北来 _013
仙人好楼居 _018
淮南王的秘密 _022

第二章 摇钱树与西王母

瑶池阿母已到来 _030
摇钱树上的西王母 _033
昆仑山与西王母 _037
降落人间的女神 _041
攀上古老的青铜树 _045
神山世界的女主人 _051

第三章 武梁祠与昆仑山

地仙蔡诞的故事 _058
山东嘉祥武梁祠 _061
武氏的家国路径 _066
万神殿的秩序 _068
水陆攻战纹铜壶的另一个身份 _071
每个人心中都有一座昆仑山 _078

第四章 《洛神赋图》与曹氏父子

曹植与《洛神赋》_082
《洛神赋图》的演绎 _086
曹操与《气出唱》_093
诗画营建的仙境 _096
云车与鱼车 _102
曹氏三父子的游仙路 _105

第五章 青釉魂瓶与山越故里

费长房与壶公 _112
神奇的魂瓶 _114
越地深山有高楼 _119
陶楼与五联罐 _121
壶天世界 _127
古典时代的"虚拟现实"技术 _132

第六章 竹林七贤砖画与灵仙窟

"竹林七贤",传奇还是传说 _136
砖画拼接的真相 _139
是地仙还是尸解仙? _143
修仙理论的革命 _147
新一代偶像 _152
不可言说的秘密 _155

第七章 唐皇游月宫镜与江南

- 明皇梦游广寒宫 _160
- "唐皇游月宫"铜镜 _163
- 君王偏偏爱霓裳 _166
- 月宫与江南 _173
- 作为仙境的铜镜 _177
- 李白与月宫 _182

第八章 祥龙石与宋徽宗

- 艮岳缘起 _186
- 祥龙石的故事 _191
- 天台山上有真仙 _194
- 作为仙境亦颐乐园的艮岳 _197
- 赏石与假山 _202
- 有一种爱，叫多孔石灰岩 _209

第九章 元瓷枕与真昆山

- 马致远的黄粱梦 _216
- 元代青白釉透雕人物瓷枕 _218
- 昆仑玉山有佳处 _225
- 八仙的职业选择 _229
- 从陶壶到瓷枕 _233
- 游园惊梦 _239

第十章 《婉娈草堂图》与小昆山

- 陈继儒与董其昌 _244
- 《婉娈草堂图》_248
- 江南人住神仙地 _252
- 草堂本自写昆山 _258
- 从虚拟现实到真山真水 _265
- 心中有昆仑，处处是昆山 _268

第十一章 青花梅瓶与明郢靖王夫妇

郢靖王夫妇的爱情 _274
明墓中的元青花 _278
元青花的秘密 _282
壶中昆仑 _288
壶形宇宙 _292
梅瓶亦一道山 _298

第十二章 畅音阁戏楼与人间昆仑

乾隆八旬万寿庆典 _304
畅音阁戏楼 _308
一切源自江南 _312
山、水、故事 _317
从前有座山 _325
艺术、戏曲、江南 _336

参考书目 _349
后记 _359

第一章

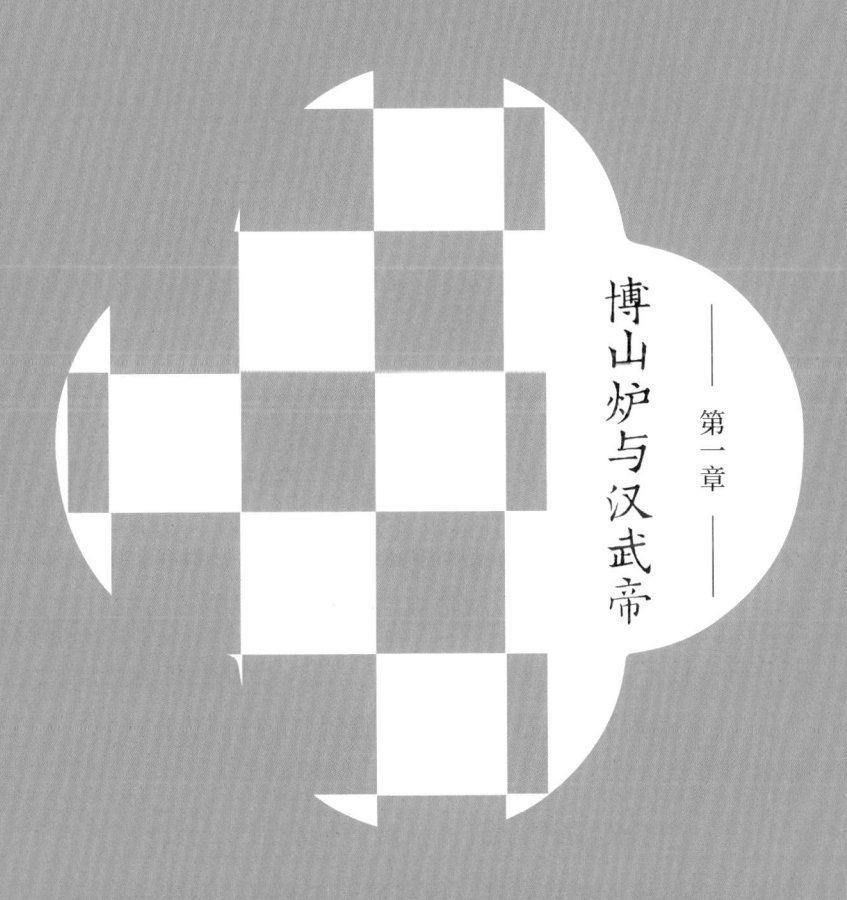

博山炉与汉武帝

淮南王给汉武帝的一本奇书

汉武帝即位的第二年是公元前 139 年，武帝的叔叔淮南王刘安从江淮千里迢迢来到了长安。历史上的淮南国疆域广大，最南面靠近长江下游一带越人的国度，那里对长安的人们来说，充满了异国情调。刘安北上的目的有两个：一个是朝拜新皇登基，另一个是要给这位侄子献上一件礼物。

和十七八岁的侄子相比，淮南王刘安早已名声在外，他是一个神秘主义爱好者，热衷道法和修行。按照《汉书·淮南王传》的说法，他多年来"招致宾客方术之士数千人"，长期研修神仙之术。这次北上，刘安专门献给年轻的武帝一本新书，名叫《鸿烈》(《淮南子》)(内篇)，作者是淮南国所招募的八位得道高人，集体署名"八公"。

就像每一个刚刚成年的人一样，武帝对未知的世界充满了好奇。这位散发独特魅力的叔叔不但文学造诣极深，更凭着超凡的神秘学知识，激起了年轻人对未知世界的渴望。每次召见宴请时，武帝只要与刘安说到"得失及方技、赋、颂"，都要到入暮时分才肯罢休。相聚总是短暂的，一段日子以后，淮南王返回自己的封国。那本《淮南子》便留在了长安的宫廷。

《淮南子》里充满了古代的智慧，既有治国之道，也有百科知识。要说其中最吸引年轻的武帝的部分，应该是第四篇《地形训》，因为其中提到的一座神山，后来对武帝的一生和汉朝都产生了深远的影响。这座神山就是无比高耸的昆仑山，山上有着各种异木奇花，"珠树、玉树、璇树、不死树在其西，沙棠、琅玕在其东，绛树在其南，碧树、瑶树在其北"，还有各类奇妙景观，"倾宫、旋室、县（悬）圃、凉风、樊桐，在昆仑阊阖之中，是其疏圃"。昆仑山还能继续攀登，越往高处，不但能"登之而不死"，还"能使风雨……登之乃神"。

被神山彻底吸引的武帝，开始了绵延一生的寻山之旅。淮南王的宝书虽好，但始终没有透露昆仑的所在。武帝只好凭着感觉慢慢探索，他身边也因此聚集起许多投其所好的方士。李少君、少翁、栾大和公孙卿是被《史记》记录在案的佼佼者。这些人里有的鼓动武帝炼制丹药;有的精通室内装饰,把武帝的宫殿装潢得如同仙境;还有的则总结出"仙人好楼居"这一著名理论,余韵千年。而他们的共同点在于,都试图让武帝相信,神山就是东海或渤海之中的某(些)个海岛。

他们的想法并非没有道理,因为包括秦始皇在内的前辈君王(这个名单上还有齐威王、齐宣王和燕昭王),都曾对东方的海上神山寄予厚望。他们根据古书《列子·汤问》上的记载,坚定地认为远古时代的东海上存在过五座神山,分别是岱舆、员峤、方壶、瀛洲和蓬莱。前两座神山后来沉没了,只剩下方壶、瀛洲和蓬莱三座。这些下高上平的神山上,"台观皆金玉,其上禽兽皆纯缟",山上神树还结有能令人"不老不死"的果实,山上的居民"皆仙圣之种,一日一夕飞相往来者,不可数焉"。这一切无不令人向往。

"登之不死"的昆仑和"不老不死"的蓬莱之间,听起来总有点儿照猫画虎、依葫芦画瓢的味道,但这并不妨碍那些钻营有道的方士不断地鼓动武帝。他们要么让皇帝提供资金,准许他们入海寻找蓬莱仙人;要么在各地大兴土木,建造楼阙仙馆;要么报告某处高山上显露出了神山或神仙的踪迹,请皇帝驾临,接受仙人虚无缥缈的召见——这就是古代帝王屡屡登上泰山进行"封禅"的真相。而在入海求仙、大搞基建以及铺张封禅的背后，是最终不知去向的大量资金暗流——这大概就是方士们此起彼伏的动力之源。

许多年过去了，传说《淮南子》的作者们在留下"一人得道，鸡犬升天"这个成语后，便同淮南王一道升入天门。那么，多年来从未放弃的汉武帝，是否真能如愿，找到他向往已久的昆仑山呢？

没有烟消云散的博山炉

据史书记载，汉武帝听信方士的建议，曾在长安建造了许多模仿神山的宫殿，建造了设有"铜柱、承露仙人掌"的柏梁台。在柏梁台遇火焚毁后，又新建了更大更高的建章宫，宫殿的北面建了巨大的水池，取名"泰液池，中有蓬莱、方丈、瀛洲、壶梁，象海中神山龟鱼之属"。如果加上泰山脚下的明堂大殿及散布在五岳、四渎的祭祠的话，更加数不胜数。而两千多年过去后，这些高楼、凤阙、宫殿、祠堂都已经烟消云散了。

幸运的是，泰液池中的"蓬莱、方丈、瀛洲、壶梁"等神山，却以特殊的材质和微缩的形式保留了下来，让后人有机会一睹武帝心中"海中神山龟鱼之属"的真容。

汉武帝皇陵陕西兴平茂陵陪葬墓中，曾出土过一件鎏

图 1.1 西汉鎏金银竹节铜熏炉,陕西兴平茂陵陪葬墓出土。现藏陕西历史博物馆。

金银竹节铜熏炉（图1.1）。这件熏炉为青铜所铸，通体鎏金，部分鎏银，由底座、长柄、炉体三部分组成。底座上有两条透雕蟠龙，昂首口吞竹节形长柄。竹柄上端连接熏炉，三条蟠龙如鼎立之状将上端熏炉托起。

最核心的部分是上端的炉体，炉体下部为海涛汹涌，波浪中又有四条金龙，鎏金龙身在鎏银的海水中翻滚游动，栩栩如生。上部的炉盖则是连绵不断的群峰，金色山峦被银色的祥云层层环绕，鎏金与鎏银工艺再次显示出绝美的色彩对比，与炉座的金龙、银波宛成倒影。山峰之中还隐藏着小孔，等炉中的香料点燃，会有烟雾从这些山洞中冉冉升起，配以银色云朵，盖子最中间的峰峦就像一座真的隐藏在云端的极高神山，只可远观却无路攀登。

从炉盖上的铭文（图1.2）可以看出，它曾经摆放在汉武帝的未央宫里。而其上方所铸凸起的山峰，就是集中了蓬莱、瀛洲等海上仙山之大成。西汉末年，皇室远亲刘歆曾写过一本笔记小说，名叫《西京杂记》。书中记载了汉武帝时，长安有一名工匠，名叫丁缓（或作丁谖），特别心灵手巧。他制造过一种九层香炉，"镂为奇禽怪兽，穷诸灵异，皆自然运动"，而这种香炉的名字就叫"博山炉"。

虽然关于"博山"一名的起源我们依旧不太清楚，但它所代表的神山韵味大抵是不差的。如茂陵鎏金银竹节铜

图1.2 西汉鎏金银竹节铜熏炉（炉体、炉盖细部及铭文）。

熏炉一般，炉盖饰以山峰的香炉今天出土了很多。根据考古资料，年代都可以追溯到汉武帝时期，而且基本出自汉代诸侯王的墓葬（图1.3），给后人留下了"按汉朝故事，诸王出阁则赐博山香炉"的说法。[①] 这让我们对这个名称也

---

① 练春海，《博山饰源流考》，《民族艺术》，2013年第5期。

图 1.3　西汉错金云纹博山炉，河北满城中山靖王墓出土。现藏河北博物院。

有了不小的底气。

有关博山炉的故事，我们在《博物馆里的极简中国史》中已经讲过了。汉武帝在位时期大量出现的博山炉，证明了他一生从未停下寻找神山、神仙的脚步。但仙人的世界似乎总在缥缈的仙山之上，可望而不可即。

谁承想，千载之后，正是这件曾在未央宫中与汉武帝互相凝望的博山炉，帮助我们穿越回甘泉、建章宫的大殿，呼吸着博山炉小孔散发的缕缕香烟，踌躇远眺那泰液池中被水环绕的蓬莱、昆仑诸山。

东有蓬莱，西有昆仑

公元前 110 年是汉武帝的幸运年。虽然他在许多年前就已开启了对神仙与神山的探索之路，但多年来的原地等待，换来的只是一次次的失望。于是，他终于下定决心，走出了长安的宫殿，重返东部的海滨，亲自登上那些可能被神仙青睐的高山。先登嵩山，再登泰山，甚至遥远的碣石山，也不能阻挡汉武帝对海上神山的渴望。

汉武帝为什么要登山呢？这里的气象学原理并不复杂，天空中的云层最低时，离地面仅有数百米到千米。那些较高的山脉甚至能刺破云层，在视觉上呈现被云层分为"云下""云上"两个世界的效果——云下的山腰属于人间，云上的山巅属于仙界。时至今日，人们依然习惯将弥漫山间的雾气、云气称作"仙气"，也是这个道理。对于古人而言，登上高山之巅确实就是最接近云上世界的方式。云上的世界有没有神仙是一回事，到底哪座山上有神仙就是另一回事了。

泰山、嵩山是举世皆知的名山，渤海碣石是西汉已知世界的边缘界山，武帝就曾登上过。经过这样地毯式的搜索，无论是云下的山腰，还是云上的山顶，都寻不见神仙的踪迹，这不免让他有些沮丧。为了继续维系武帝对神仙的信心，聚集在海边的方士们祭出了古老的法宝——方壶、瀛洲和蓬莱——只要将神山从陆上移到海中，就算当年秦始皇也一样，求之而不得。正如武帝的名臣东方朔在《海内十洲记》中所描述的那样："瀛洲在东海中，地方四千里，大抵是对会稽，去西岸七十万里……"任凭武帝再热衷登山，这海上神山也终成了可望而不可即的海市蜃楼。只要神山登不上，神话就可以永远是神话。

可方士们的对策架不住武帝的执着。既然《史记》记载，当时"言神怪奇方者以万数"，汉武帝索性就命令这些"言海中神山者数千人（下海）求蓬莱神人"。眼看那些"海中神山"的鼓吹者即将露出马脚，机智的东方朔站了出来，在瀛洲的条目后面又加了一句："洲上多仙家，风俗似吴人，山川如中国也。"东方朔不同于那些盲目鼓吹神山的方士，他是个明白人，觉得海中神山本质上是些可以定居的海上岛屿，所谓仙家也不过是些有着独特风俗的岛上居民。这个道理他不肯点破，又不愿说得太明白，只求真真假假，但愿武帝可以自己领悟。

为了让这个"海中神山"的传说变得更加真假难辨，同时也为了减轻入东海求蓬莱的压力，东方朔还在书中故设疑阵，将神山散布于东海之外的北海、南海和西海之中。出于相同的原因，他在"海内十洲"中特意重点推荐了位于西海的昆仑——这座神山"去岸十三万里，又有弱水周回绕匝"，上有金台、玉楼，是"西王母之所治也，真官仙灵之所宗"。从地理位置上讲，西海距离东海直线距离最远，将这座"真仙隩墟，神官所治"的昆仑放在西海，既符合"仙都宅于海岛"的基本原则，又最大程度地分担了东海的寻仙工作量。

然而，天算不如人算。公元前 110 年，从中亚安息帝国返回的汉使前来汇报，在西域于阗的南面有座连绵的高大山脉，山中盛产玉石，并疑似黄河的源头（并不是）。汉武帝听后心中喜悦，翻阅典籍（可能就包括《淮南子》）后，高兴地授予这座新发现的高山一个古老的名字——昆仑。

天马当从西北来

东方朔们没有料到,汉武帝是以这样不可理喻的方式,确定了昆仑山的存在和位置。

传说中的昆仑在现实的地理版图上横空出世,但从"海内十洲"的格局来看,它基本上还是分享了"仙都宅于海岛"的大致特征。因此,昆仑的形态和方壶、瀛洲、蓬莱等东方"博山"系神山并没有本质差异,甚至可以作为诸多神山的泛称①,同样可以以"博山炉"的形式流传于世。

现在,来到我们最初关注的鎏金银竹节铜熏炉上,炉体上端被银色祥云层层环绕的金色山峦已经有了大致出处,那么炉体下部还有在鎏银海水中翻滚舞动的四条鎏金游龙,也就不是简单的"海中神山龟鱼之属"了。在之后的两千多年中,这些海中的游龙形象都一直作为中国传统艺术的重要元素,展现了极为旺盛的生命力。而这些海中游龙的出现,可能也与汉武帝有着某种神秘的联系。

公元前114年,发生了两件与西域有关的事情。先是为汉朝开拓西域立下汗马功劳的博望侯张骞去世;接着,敦煌屯田据点禀报,当地的天然湖泊渥洼水中出现了一匹天

---

① 唐兰,《昆仑所在考》,《国立北京大学国学季刊》,1937年,第6卷第2期。

图1.4 江西南昌海昏侯墓出土的麟趾马蹄金。现藏南昌汉代海昏侯国遗址博物馆。

马。汉武帝得讯后,异常欣喜,做麟趾马蹄金以示庆贺(图1.4),还写了一首《太一天马歌》:"太一贡兮天马下,沾赤汗兮沫流赭。骋容与兮䠙万里,今安匹兮龙为友。"不知汉武帝是否真的见到了这匹"异马",但此事至少让他相信了两点。第一,具有"避水"能力的天马,将是他登上"海中神山"的关键。第二,天马在启动登山程序后,将会化身为"龙"。

图1.5 西汉鎏金铜马,陕西兴平豆马村出土。现藏茂陵博物馆。以大宛汗血马为原型而铸,又曰"天马"。

在天马的消息自敦煌传来后,深谙武帝心思的卜者迅速为他呈上"神马当从西北来"的占语(图1.5)。昆仑在西海,天马也来自西北,这种巧合为汉武帝的神山梦想注入了无法抗拒的吸引力。原本随着匈奴北迁,才过了五年太平日子的汉军再度征伐,向着西域不断前进。

先是亲汉的乌孙国很快送来本国特产乌孙马,接着汉武帝又听信西域的献言,"(大宛)多善马,马汗血,其先

图1.6 西汉玉仙人奔马,陕西咸阳汉元帝渭陵礼制建筑遗址出土。现藏咸阳博物院。为汉代史籍中"天马"形象。

天马子也",四年内发动两次针对大宛的战争。在耗费近十万兵卒和国家多年储备的"太仓之粟"后,远征军终于带回了几十匹大宛特产的"汗血宝马"。乌孙马和大宛马都曾获得过"天马"的称号(图1.6),武帝还专门为后者作了《西极天马歌》:"……天马徕,开远门,竦予身,逝昆仑。天马徕,龙之媒,游阊阖,观玉台。"

后世的《汉书》注释者揭开了"渥洼水出天马"的秘密,原来渥洼池附近本来就生活着许多野马。当时有个被发配到敦煌屯田的罪人常用土堆塑假人,等野马习惯之后,他就扮作假人用套索套住一匹。报给朝廷时,故意投上所好,说是从水中腾空而出的异马。① 文献没有记载,这位屯田的戴罪人是否因发现天马而得到赦免或嘉奖,不过这条捷径显然启发了西域汉使、汉武帝和长安工匠们的想象力。

虽然远道而来的大宛汗血宝马最终也没能载着汉武帝登上神山昆仑,但它们至少在未央宫里的鎏金银竹节铜熏炉上留下了自己的形象。那一刻,西来的天马化身为龙,在海涛汹涌中腾浪行空,将每一个寻找不死灵药的求仙者送往那难以登临的海中神山,不管是东海还是西海,也不

---

① 赵培,《汉初德水与敦煌"天马"祥瑞——渥洼水出天马史事申说》,《文史知识》,2019年第3期。

论是蓬莱还是昆仑。

仙人好楼居

昆仑山在汉武帝时的强势崛起，虽未取代蓬莱，但已构成对东海神山的挑战。究其原因，一方面，固然有着汉朝探索西域后对当地人文地理的浪漫想象；另一方面，也离不开《淮南子》的倾力推荐。"昆仑"神话在之前的典籍文献、文人辞赋中多被提及，但都比不上《淮南子》的描述来得详细。

除了将这座原本偏西的神山塑造成位于"天下之中"的登天高峰外，该书还为昆仑总结了三个重要特征。第一，它拥有众多高楼建筑（金台、玉楼），这是普通神灵成仙后的住处，所谓"神栖昆仑"。第二，在神山中心位置，还有巨木奇花（不死之树、扶木、建木），只有通过攀登巨木，才能进一步抵达最高神灵的领域。第三，这位最高的神灵叫"西王母"。西王母如何攀上巨木顶端，成为昆仑的主宰，以及她与汉武帝的故事，将是下一章要谈到的主题。我们在这里先说说神山上的高楼。

汉武帝钦定了西域的昆仑山后，下一个任务就是寻找神山的主人，以及她所掌管的"不死灵药"。可新命名的昆仑山上到底什么情况,往来西域的汉使心里最清楚,对于汉武帝要寻找的神山主人,他们只有一个办法,就是推给更语焉不详的西方。于是就有了《史记·大宛列传》所记:"安息长老传闻条枝有弱水、西王母,而未尝见。"从地理上讲,昆仑山的西面是大宛,大宛西面是大月氏,大月氏西面是安息国,安息国西面才到条枝国,大约已经到了东罗马帝国境内了。这样,把西王母推给条枝国,至少先把武帝给糊弄过去了。

西王母是个神祇,飞去近处、远处还能说通,但武帝钦定的昆仑山已经不能搬家了。这仙家住所的模样,还得给皇帝一个交代。这个问题难不倒汉使和方士,同样可以推给语焉不详的南方,因为不久前,汉朝刚完成了对越地(东越、闽越、南越)诸国的统一战争。那些南方风俗与传闻令武帝无比着迷,很快他便沉迷于南国的奇幻魅力。按照《史记》的记载,一位来自越地的巫师,不但让武帝接受了越巫鸡骨占卜术和越式祭祀方式,还促使他新建了宛如仙境的建章宫。

"越风"的流行早被方士公孙卿看在眼里,他当即献上"仙人好楼居"的著名修仙理论,将越式民居拔高到堪比"昆仑"的历史高度。那些被木桩或竹竿撑起,离地一人多高,仿佛悬空一般的木楼或竹楼,就是长江之滨到珠江流域间,

1. 龙生冈　2. 大元冈　3. 金鸡岭　4. 皇帝冈　5. 细冈　6. 东山羊山横路

图1.7　广州市出土的汉代陶制"干栏"式建筑模型①。

---

① 安志敏，《"干栏"式建筑的考古学研究》，《考古学报》，1963年第2期。

图 1.8　东汉"干栏"式陶屋，浙江湖州杨家埠朱家山湖州钢铁厂工地出土。现藏湖州博物馆。

图 1.9　东汉石刻"干栏"式楼房，四川芦山县东汉砖室墓出土。现藏芦山县博物馆。

水畔、高山中越人住宅的普遍样式。这些房屋样式可以出土的越地"干栏"式房屋模型为证（图 1.7—1.9）。通神的越人们住着这样的房屋，那么神仙也当如此，只不过后者的楼居更高一些。而这与东方朔所言"（瀛）洲上多仙家，风俗似吴人"的高论，恰能相互验证。

既然东海蓬莱的神仙住着这样的高楼，西海昆仑的神仙也没有理由拒绝同样的住宿标准。就这样，从东到西的神仙们都住上了层层高楼，隐藏于神山的最高峰上。西汉以后，中国民间的墓葬中除了模拟神山的博山炉外，还涌现了无数精美的陶楼或宫阙状的魂瓶，其实它们都不是普通的平地上的高楼，而是建在昆仑之上的"金台、玉楼"，代表了神灵栖居的神山之巅。当然，对于汉武帝这样的古代帝王来说，并没有那么复杂，他们的宫殿中早已立起高耸的观楼，足以在有生之年中静待神灵的降临。

淮南王的秘密

许多年前，到访过长安的淮南王刘安给年轻的汉武帝留下了《淮南子》一书。或许是书中提到的"神栖昆仑"，使汉武帝踏上了绵延一生的寻山之旅。苦于东海蓬莱难渡，杀伐果断的汉武帝竟以超人之举，钦定了西域昆仑的所在。

随后，他为寻找天马，以登昆仑所施展的雷霆手段，几乎耗尽了汉初以来所积蓄的"太仓之粟"。当然，"太仓之粟"给世人留下太过深刻的印象，在未来不但将以"其当饮食就夫（太）仓，饮江海"①之类的吉语，象征人们登天后可以享受的极大丰裕②，而且将成为"昆仑（山）"地景系列真实的组成（见第十章）。

尽管淮南王曾在书中一再告诫，谨防"大厦曾加，拟于昆仑"③——不要大兴土木，不可奢侈师旅，才能实现国泰民安。可没料到，汉武帝真的以一种反向致敬的方式，极大地逼近了这句谶语的可能。他虽未造出比肩昆仑的大厦，却不惜用举国之力，填平四海沟壑，以登神山。最终，来自越地的高楼在某种意义上实现了汉武帝的寻山梦想：既然登山的终极目标是寻找拥有不死灵药的仙人（西王母），那么在访仙不遇的情况下，暂借神仙栖居的高楼，虔心等候，大概是最接近成功的一种方案了。

来自南越的高楼如何就匹配上了淮南王献书中神山昆仑上的金台、玉楼？有没有一种可能，恰是长期接触越文

---

① 山东苍山城前村东汉元嘉元年（151年）画像石墓题记石刻。
② 姜生，《汉帝国的遗产：汉鬼考》，科学出版社，2016年，第431—437页。
③《淮南子·本经》。

化的结果,给了《淮南子》的作者以启迪?① 那些南方的高山上常年笼罩着水汽和雾气,而在云雾之上,还有越人的木楼或竹楼。他们在云上开凿梯田,在云端载歌载舞、娱祖娱神。这种生活方式,从高山传遍海岛,成为淮南王心目中的昆仑真形;又从南方传到北方,最终变成了东方朔眼中的"瀛洲仙家"和博山炉的原型。有关这个猜想的证明和检验,将是本书后续章节的重要任务。当然,《礼记·郊特牲》中"器用陶匏,以象天地之性"的说法,或许暗示博山炉器还有更久远的起源。

至于西域的昆仑高山,也为神山形象做出了自己的贡献。从安息归来的使者们还为汉武帝带回了"大鸟卵及黎轩善眩人"。这些杂耍艺人和猎奇景象,与源自太仓积粟的"天厨贻食"②观念一道构成了昆仑仙界景观不可或缺的组成部分。而且今天的学者认为,汉使曾在当时安息等地见到过一种"银质、具有阶梯状圆锥形顶端"的香炉,可能影响并启发了包括武帝茂陵博山形铜熏炉的创造③(图1.10、图1.11)。从此,"胡人遥集于上楹……神仙岳岳于

---

① 《汉书·严助传》:"(刘安)淮南全国之时,多为边吏,臣窃闻之,(越)与中国异。限以高山,人迹所绝,车道不通,天地所以隔外内也。"
② 《汉帝国的遗产:汉鬼考》,第 427—430 页。
③ [英] 杰西卡·罗森,《祖先与永恒:杰西卡·罗森中国考古艺术文集》,邓菲、黄洋、吴晓筠译,生活·读书·新知三联书店,2011 年,第 468—472 页。

图 1.10 波斯阿契美尼德王朝青铜香炉，安纳托利亚（吕底亚？）出土。曼尼尔藏品，Melikian-Chirvani 摄影。[1]

---

[1] A.S. Melikian-Chirvani, The International Achaemenid Style, Bulletin of the Asia Institute, 7, 1994: 111-130.

图 1.11　阿契美尼德王朝国库《薛西斯接受朝拜》石雕（中间为香炉）。现藏伊朗国家博物馆。

栋间……"① 胡人仪表也和越人卉服一道，成为神山居民的标准妆容之一。

正如许多年后，东汉文学家张衡在《西京赋》中所描绘的那样，来自东南西北各方的异文化要素逐渐融为一体，在长安城内为汉武帝营造了一种流芳千载的仙界奇观。"神山崔巍，欻从（巨龟）背见……"，近处是"角抵之妙戏"，各种杂技、百戏令人眼花，冈峦上则是"总会仙倡"，仙女、

---

①《文选·鲁灵光殿赋》。

仙人驾临坐立。但要登上神山,需凭"海鳞变而成龙,状蜿蜿以蝹蝹。含利颬颬,化为仙车……"。古人可以效仿"东海黄公,赤刀粤祝"所展现的勇力,博取登车、乘龙的契券,而汉武帝能否依靠远征夷狄,讨伐越人和匈奴①的战绩,得到神山主人的召见?(答案将在下一章揭晓。)

当然,历史证明,大宛来的天马也没能变成海龙,驮着汉武帝登上传说中的神山,无论是东方的博山蓬莱,还是西方的昆仑。此后,武帝依旧在寻找神仙的道路上度过他的晚年。他保持了壮年时的习惯,有时登山封禅,有时登高楼——这种相对健康的生活方式,使他拥有汉代皇帝第一高寿。公元前87年,汉武帝以七十岁高龄离开人世,这个寿命放到整个中国帝王寿命榜中也能进入前十名。以至于后人开始相信,他真的得到了西王母的召见,获得了重要的神启。从这个意义上讲,汉武帝花费一生的寻仙之旅,已经无限接近成功。

---

① 在张衡的时代,汉朝的对手从汉武帝时的匈奴和越人变成了西羌和鲜卑,这种变化也成了《西京赋》中的时代烙印。

第二章

摇钱树与西王母

瑶池阿母已到来

汉武帝的使者没有寻到西王母,但不妨碍别人认为他们早已相会一宵。在许多稍晚一些的古代作家心中,就在公元前109年,七月七日的那个夜晚,西王母便来到了汉武帝的承华殿中。

那一年是汉武帝元封二年,因为此前一年他第一次登上泰山封禅,就把年号改为"元封","元"意味着开始,"封"代表封禅。从此中国就有了年号,之前的年号都是追溯的。武帝多年来的求仙活动感动了上天,所以西王母提前通知,会在七夕之夜降临宫中。

汉武帝不敢怠慢,将承华殿装饰一新,要求宫人不得偷看,自己则盛装华服,等到夜里二更。西王母果然带着群仙数千,有驾龙虎的、乘白麟白鹤的、乘轩车的,当然也少不了乘天马的，降落在宫中。

只见西王母"年三十许，修短得中，天姿掩蔼，容颜绝世，真灵人也"。她和汉武帝寒暄过后，拿出七个仙桃，武帝四个，自己三个，一起吃了。又请武帝欣赏了九天之上的乐曲，传授了成道为仙的基本方法，然后准备离宫回天。武帝诚心挽留她，祈求更高级的法术，西王母又为他请来三重天宫之中的上元夫人，预备教给他修道的秘方。

一开始，上元夫人只是嘱咐武帝不要贪酒好色、追名逐利，如此坚持百年，就能成道。武帝一听"百年"，马上慌了，赶紧追问有没有速成的办法。正好这时他偷看到西王母身上带了一卷《五岳真形图》，觉得这是成仙的秘诀，求着西王母当席就传授给他。

西王母倒不避讳，讲解了《五岳真形图》里的奥秘——"真"即是"仙"，因此这张图中就记录了世上所有仙境的所在和路径——有了这张图就能顺利进入神仙的世界。她还请上元夫人向武帝传授图中的高级法术。上元夫人本着恪尽职守的态度，向天宫的档案处申请了对武帝的背景调查。她随后提醒西王母，由于武帝多年来对外作战太多，而士卒和百姓很少得到犒劳和休养，"罪已彰于太上，怨已见于天气"，在如此民怨冲天的情况下，很难符合成仙的条件。

尽管如此，西王母却对武帝产生了由衷的好感，始终相信后者是个富有诚心的可塑之才。她坚持让上元夫人传授了《五岳真形图》中的秘法，只是再三告诫武帝天机不可泄露，对民怨不能不加以重视。说完这些，西王母与上元夫人，随从的侍卫、车马、龙虎，以及开路的仪仗一起驾着祥云消失在西南方的天空。

故事的结尾，汉武帝依旧是我们认识的那个汉武帝。他虽然将西王母和上元夫人授予的各种经卷细心收藏，保存在柏梁台上，但在之后的六年里，他自恃仙法在身，非但没有收敛，反而变本加厉，"兴起台馆，劳弊万民，坑杀降卒，远征夷狄，路盈怨叹，流血膏城"。在一番劳师动众、民怨载道之后，公元前104年11月的一天，一场从天而降的大火烧毁了存放经书的柏梁台，所有那些与修道有关的秘法都化为了灰烬。

这个有关汉武帝和西王母的故事，记录在《汉武帝内传》《汉武故事》和《汉武洞冥记》（合称"汉武三传"）这些汉、晋间流传的传奇小说里，其中以《汉武帝内传》最为详细，本节主要依此归纳。虽然传说作者是东汉人班固（《汉书》作者），但应该另有其人。和这个颇为玄妙的故事相比，《史记》中所记载的那些武帝求仙事迹都称不上天马行空了。汉武帝与西王母的故事为何激发了世人如此丰富的想象力？我们还需要回到当时人们的物质世界去分析。

摇钱树上的西王母

汉代留下的笔记小说数量有限，但有三篇都以汉武帝和西王母为主角，这就显出了后者的重要。因为西王母在汉代，尤其到东汉时，是位家喻户晓的女神，拥有深厚的群众基础，不但成为传奇故事的主角，还在许多历史遗物上留下了广为流传的身影。

比如，以四川为核心的西南地区，就出土过大量具有西王母形象的器物，名为"摇钱树"。除四川外，与其相邻的云、贵、鄂西、陕南、甘肃、青海等地也有出土。摇钱树都为青铜制成，大致分为陶质树座与青铜树身两部分，而树身又可进一步分为可拆卸、插接的树干和树枝。这些器物出土时多有残损，所以完整者更为难得可贵，其中又以20世纪90年代四川绵阳何家山二号崖墓出土的一件高198厘米的青铜摇钱树最为著名（图2.1）。

先说底座（图2.2），这座青铜摇钱树的红陶树座一共两层，下层为五马浮雕，五匹骏马或吃草或奔跑，自得恣意，宛如"天马"；上层为圆雕雄狮，昂首张口，肋生两

图 2.1　汉代摇钱树，四川绵阳何家山二号崖墓出土。现藏绵阳博物馆。

图 2.2 汉代摇钱树线描图。

翼。总观上、下两层陶座，形似高山。而雄狮背上有一圆孔为树枝插孔，从此往上便是铜树，所以带翼狮子又如高树守卫。

再说树身，树干中空，高约一米。青铜树枝组成的树冠一共七层，又可分为上三层和下四层。下部四层，每层都插有四片（或八片）枝叶，向四方伸出，树枝上端纹饰以朱雀与鹿、朱雀与异兽，以及龙首为主，下端则用方孔圆钱为边饰。上部三层，顶层是一只凤鸟，立于圆璧之上，宛如日月当空。第二层，也就是凤鸟之下的位置，便是拱手坐于龙虎座上的西王母。只见她头戴胜冠，肩生双翼，身穿右衽长袍，头冠上是与凤鸟相连的圆璧，几乎可以说端坐于树身最高处。而最下一层，则是运送丹鼎的大象与象奴，高大力士与小儿，如同西王母的使者、侍卫。

整座摇钱树，包括树座、树身、枝叶等，一共 29 个部件，衔接扣挂而成。树枝、叶片极薄，厚仅 2 毫米，可谓工艺极精。而树枝上如树叶状点缀的铜钱，不消说，便是摇钱树名字的由来。

与之类似的青铜摇钱树颇多，有一件和它同墓出土的，其中的红陶树座含义更为明显。它也同样分成上、下两层结构，"下层一面浮雕西王母坐于虎背之上，另一面浮雕一人牵马。上层塑一羊，弯角，有须，作奔走状，一人骑坐在羊背上，双手抱筒形圆柱"①。

其实，西王母形象在汉代并不独独出现于摇钱树上（图2.3），她作为一个代表崇高世界的女神，在当时塑造的画像砖（图2.4）、青铜镜、陶枝灯、漆盘等器物上都留下过形象。有时她坐在龙虎座上，有时在昆仑之丘上，与玉兔、九尾狐和三足乌等灵兽为伴，偶尔还会降落到人间的宫殿。不过，更多时候她还是在青铜摇钱树的高枝顶端上俯瞰人间。西王母为什么屡屡留下倩影，引无数帝王折腰？需要我们继续回到更古老的神话时代去探索。

昆仑山与西王母

汉武帝不是第一个被西王母所吸引的古代君主。战国小说《穆天子传》提到了第一位访问西王母的古人——周穆王。周穆王因为军事需要，前往西北方的草原部落征购良马，一路上经过三座高山，首先，他来到传说建有"黄帝之宫"的昆仑之丘进行祭拜；其次，经过天下最高的舂山，此处山顶虽高平，气候却很怡人，草木鸟兽繁多；

---

① 何志国，《四川绵阳何家山2号东汉崖墓清理简报》，《文物》，1991年第3期。

图 2.3 汉代西王母摇钱树座,四川成都出土。现藏成都博物馆。

图 2.4 东汉西王母画像砖,成都新都区新繁镇清白乡出土。现藏四川博物院。

最后，他来到了群玉之山。因为周穆王一路买马，所带资财逐渐用完，就到玉山开采玉矿，制作了上万玉璧，补充经费。

周穆王路过昆仑、舂山和玉山，备足了良马之后，就到了西行的终点——"西王母之邦"。西王母与他互唱歌谣，穆王表示有机会再来后，就辞行东返。西王母之邦大约是周人势力范围的极限，到此一游后，穆王率六师东返，在路上又继续买马，最后返回都城，重整周师，完成中兴。

由于周代版图和交通能力有限，从《尚书·禹贡》等古代地理著作可知，周穆王的买马之旅基本是沿着渭水的北部支流（泾水、洛水），到毛乌素沙地南缘为限。所以，最初的昆仑等山和西王母之邦基本不会超过陕、甘、宁之间，六盘山系这一范围。① 但因为穆王买马之后，周师得到重建，国力重新恢复，使这一路上所遇到的景致、人物就都具有了神奇的"复兴"力量。久而久之，这种曾经拯救周人之困的能力，通过"续命延年"的逻辑，逐渐演变成了后人心中"登之而不死""登之乃神"的永恒之境。

《穆天子传》主要着墨于穆王买马，西王母在其中所占

---

① 张经纬，《横空出世莽昆仑——中国古典世界中"昆仑"的变迁》，《青藏高原论坛》，2015年第2期。

篇幅不多，与之同时期的史书《竹书纪年》对这件事更是只用短短两句加以概括："十七年，王西征昆仑丘，见西王母。其年，西王母来朝，宾于昭宫。"从此西王母就与"昆仑丘"紧紧地绑定在了一起，而且还新增了西王母回访周穆王的段落。

后来的文学家记不全那么多情节，就越写越简单。先是将（天下最高的）春山与昆仑合并，又把群玉之山的特征嫁接到昆仑身上，最后把昆仑隔壁的西王母也加了进来，算上昆仑之丘上本来就有的"宫殿"和沿途买马这件事情（成为路遇异兽的出处），就有了这样五合一的局面。（只有在《山海经》里保留了西王母在昆仑往西、往西，又往西的古老痕迹。）到淮南王与汉武帝时代，昆仑山的特征已经固定：极其高耸，极为寒冷；下狭上平；上有玉楼金殿；还有神奇的动植物。不仅如此，它还变成了掌管不死灵药的西王母的永久驻节之地（图 2.5）。

虽然昆仑的出处源自陕北，但在淮南王刘安这里，昆仑作为象征世界巅峰的高山，发生了与越地神山观念的融合，分享了后者的种种特质。而汉武帝为了和周穆王一样获得西王母的青睐，暂时倾向于昆仑的西北起源。就这样，当汉武帝依照海拔最高、出产玉石、山中栖居罕见动植物这些特征，将古老的"昆仑"之名授予千里之外的西域高

图 2.5 东汉西王母画像,山东嘉祥县满硐乡宋山出土。现藏山东石刻艺术博物馆。值得注意的是,西王母就坐在一座下狭上平的神山上,即昆仑"玄圃","玄"通"悬",所谓"空中花园"是也。有时神山山表现为神树,或介于山和树之间,参见图 2.8、图 2.9。

山时,也同时将传说中原本面目模糊的西王母送上了这座精神高峰之巅,让她成为古代神灵世界人格特征最鲜明的一位主宰。

降落人间的女神

既然得到了汉武帝的倾慕,古代文献中原先难以名状的西王母形象也随之发生了根本的转变。

汉武帝之前,关于西王母的具体长相,大概只有《山海经》中并不和蔼的描述:"西王母其状如人,豹尾虎齿而善啸,蓬发戴胜,是司天之厉及五残。"还有三只青鸟为她取食。这样一副人兽模糊的相貌,自然不能入汉武帝的法眼,也不能为普通大众所接受。

一千个人眼中就有一千个西王母,如何将原本只有寥寥数语描述的西王母变成一个人们心目中非常崇敬的至高女神呢?这是对每个人想象力的考验。比如,汉武帝心中的西王母应该是"年三十许,修短得中,天姿掩蔼,容颜绝世,真灵人也"这样雍容华贵的美妇容貌,而"豹尾虎齿"这些夸张的描述,则演变成了西王母本身的随扈和侍卫。

然而,西王母的神力并没有被帝王之家所垄断,她与生俱来的"复兴"与"永生"力量很快深入民间,并在大众心中得到巨大的提升。公元前3年,西汉哀帝建平四年正月开始,民间传言,西王母召唤百姓前往长安。得到感召的标志,是手持一根麦秆或麻秆。到了这年夏天,真的有数千拿着麦秆的百姓从东部郡县出发,会聚到长安的巷陌,或者效仿仙人下(六博)棋,或者以歌舞方式祠祭西王母。他们甚至声称,凭借这种方式得到了西王母长生不死的庇佑。这种情况一直持续到了当年的秋季。

《汉书·五行志》的这段故事,是西王母首次摆脱帝王的专享,进入大众视野的记载。就像当时逐渐成形的《汉武帝内传》故事所共有的主题一样,在汉武帝奢侈师旅的探险事业中，西王母扮演了一个启发者与批评者的双重角色。西王母初次降临时就提醒武帝，耗竭民力、激起民怨的寻仙行动，与成仙的标准背道而驰。而在武帝不听良言、执迷不改，甚至诛杀了众多方士后，西王母就与他划清了界限，还斥责他"欲见神人，而先杀戮，吾与帝绝矣"。因此，在当时民众和故事编纂者心中，存放武帝求仙经卷的柏梁台偶然失火并不是一场意外，而是表达了上天的惩罚。这一次，西王母明确地站到了民众的一边。

作为一个与普通人心灵相通的女神，西王母得到了民众最大的认可，终于拥有了在青铜摇钱树顶端，拱手端坐于龙虎座上的至高地位，而且人们还将她的历史形象调整为头戴胜冠、肩生双翼、身穿右衽长袍的女性帝王之姿（图2.6、图2.7）。她由"运送丹鼎的大象与象奴，高大力士与小儿"守护——掌握着只应天上有的不死灵药——高踞世界的中心，等待有缘人的最终到来。

正是从这时开始，这位不再庇佑帝王，而为民众提供福祉的女神，真正拥有了昆仑之巅的地位。比起要把她请下山来，传授不朽秘籍的汉武帝，各地的民众更愿意她高居神山之巅，公平地为每个凡人提供彼岸的永生。不仅如此，下一章里我们还会继续看到格局更大的西王母形象。

图 2.6　东汉神人龙虎画像镜。现藏上海博物馆。

图 2.7　东汉神人龙虎画像镜，"西王母"榜题。

攀上古老的青铜树

讨论完西王母的现身，接下来就该轮到青铜摇钱树本身。章首汉武帝的故事中，作者选择让西王母与随从和侍卫、车马、龙虎一同消失在西南方天空，或许并非偶然。因为，西南地区崇拜神树的传统的确可以追溯到更久远的时代。

20世纪80年代四川广汉三星堆发掘的大量古蜀文明遗存，将成都平原的文明史推到了公元前1600年。三星堆文化出土的器物以大型青铜器最为著名，除了高大而面部特征鲜明的青铜人像外，另一种极具地方特色的器物就是最高接近3米的青铜神树（图2.8）。

三星堆出土过不止一株青铜树，普遍非常高耸壮观。它们本来是没有名字的，"神树"的名称是考古工作者根据实际观感，再结合文献起的。因为这些神树看起来"都有一个圆环形盘和像'山'一样的树座，有一根主干，若干根枝条，树上有立鸟、果实、挂饰、云气纹饰等，有的树上还有巨龙盘旋，或祭人跪拜"。①考古学家还把这种青铜

---

① 赵增殿，袁曙光，《从"神树"到"钱树"——兼谈"树崇拜"观念的发展与演变》，《四川文物》，2001年第3期。

图 2.8 商代青铜神树,四川广汉三星堆二号祭祀坑出土。现藏三星堆博物馆。

树当作古代神树"建木"的真实化身。在《山海经》《淮南子》等古书中,建木就被当作古代神灵登天或降落人间的一种天然阶梯。

青铜神树的出土,不但为这种宇宙树图景找到了真实的对应物,也为汉代问世的青铜摇钱树找到了一个古老的源头。三星堆神树以树座象征高山,但又觉得高山还不够高,于是造出山尖长出的高耸入云的神树,体现穿云而上的天界。树枝上的许多立鸟则代表了人类不能攀登,只有带翼的羽族才能登临的云上世界。

随着西王母信仰的流行,从长安所在的关中南下入川,古老的神树便化身为全新的摇钱树,成为人们朝见西王母的必由之路。将下方树座与上方树干、树枝相连便完成了一套完备的登仙(或朝天)程序。现在,我们有机会重新审视绵阳何家山二号崖墓出土的这株摇钱树了。

首先,树座最下方的五马,既是汉武帝从西域苦苦寻觅的"天马"(图2.2),也承载了摇钱树主人登天的希冀。五马之上的雄狮同样来自西域,它以神树守卫的身份,与仪仗最外围的龙虎一样,成为树形天梯的守护者。接着,由朱雀和异兽组成的四层下级树冠,显然就变成了攀登过程中被云雾笼罩,时而遭遇挑战和奇遇的登仙探索。最后,完成所有挑战的准修仙者,终于有机会来到由高大力士、大象、象奴等这些神话人物把守的西王母世界的天门入口（图 2.9）——因为不死灵药就在大象背上的丹鼎之内（图 2.10）。完成临门一跃，便可以安享连汉武帝都终生羡慕却终不可得的永恒之境。

比起汉武帝只有仙桃、灵药和秘籍的西王母世界，民众心目中的仙境似乎更富娱乐精神，也更让人期待。

图 2.9 摇钱树树冠第二层西王母坐像。

在众多出土的青铜摇钱树座（图2.11）和树枝图像中，不仅清晰塑造了海水环绕的神山本境（图2.12）、仙人游乐、灵兽嬉戏，还有骑游射猎和舞乐百戏，以及缀在枝头，似乎用之不竭的铜钱。正是这些围绕在西王母四周富有想象力的景物，让我们看到了汉代民众颇为丰富的精神世界。

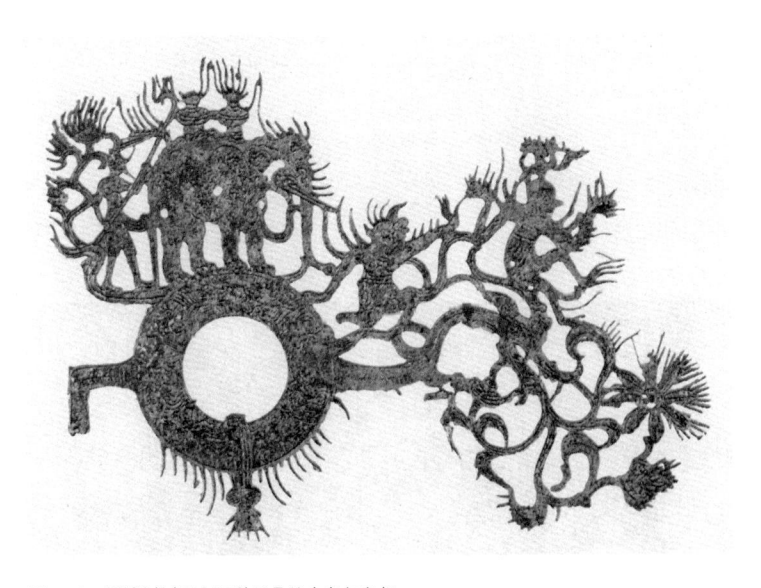

图2.10 摇钱树树冠上运送丹鼎的大象与象奴。

图 2.11 东汉摇钱树座（线插图），四川绵阳石塘乡崖墓出土。现藏绵阳博物馆。树座呈山形，共四层，顶上为仙人骑羊。

图 2.12 汉代摇钱树座，四川达州三里坪出土。现藏达州市文物管理所。刻有被海水环绕的山峦，有巨蛇、玉兔、鹿、猴、蟾蜍。

神山世界的女主人

从西汉到东汉，从未央宫中的博山炉到摇钱树上的西王母，古代中国的艺术主题向前迈出了很大的一步。把它们联系到一起的，竟是汉武帝。沿着汉使开拓的天马之路，汉武帝最终未能像周穆王一样，寻到前往西王母之邦的路径，但他的不懈尝试在物质和精神两方面都给后世的艺术领域留下了巨大的想象和创造空间。

随着东汉的不断衰落，代表永恒希望的西王母形象开始出现在长安街头人们的心中、墓祠砖石的顶部，以及蜀地摇钱树的顶端。原本只有一座模糊轮廓的昆仑神山，现在长出了一株神树，神树的枝头是舞动的神灵和端坐的西王母。来自榆林的东汉墓门石刻更清晰地呈现了这种变化，与东王公相对的西王母下方，是一座与"建鼓"结合的博山炉，在香炉的顶端，则是支撑西王母的神树。这使得人们对仙境的想象从抽象到具体又增加了一分。

值得一提的是，通过比较图 2.13、图 2.14 以及图 2.5 西王母座下神树刻画方式的差异，可以发现神树已经发生了从巨树向多孔石灰岩（太湖石）基座转变的趋势，详见第八章。

神山和神树其实都是极为古老的主题，尤其是三星堆

图 2.13　东汉榆林南梁墓门左、右立柱画像（残），陕西榆林市金鸡滩乡南梁村出土。现藏榆林市城墙文物管理所。

出土的青铜神树，可以将中国古人有关"世界树"的观念追溯到史前。而摇钱树只是它在汉代的一个著名变体。当然，摇钱树的源头应该不止一个。除了三星堆青铜神树之外，战国中、晚期以后，北方各地还流行过另一种青铜多枝灯（图2.15）。作为灯盏的树枝上，经常攀缘着小猴子、游龙、飞鸟等形象。这种多枝灯到汉代以后，多向陶灯发展，而它们的灯座往往具有山川起伏、鸟兽翔集的特点。

图 2.14　东汉神木大保当墓门左立柱画像石（残），陕西神木市大保当镇出土。现藏陕西省考古研究院。可以留意到，神树主干发生了介于树瘿和岩蚀之间的形象变迁。

甚至可以说，汉武帝本人对神树也不会完全陌生，《西京杂记》提到过，造出蓬莱诸岛的建章宫泰液池西边还有一个池子，名叫"孤树池"。因为"池中有洲，洲上黏（杉）树一株，六十余围，望之重重如盖"。以一株巨树成一景致，又与蓬莱相邻。由此可见，神山与神树，这一对固定组合的出现只早不迟。

至于西王母，作为人类可以接触到的神灵世界的最高

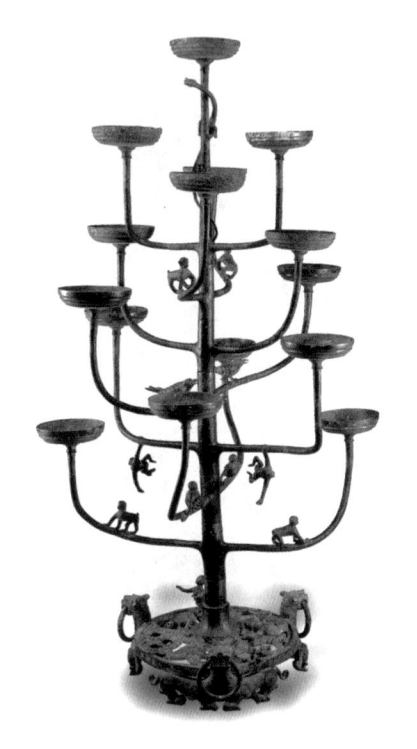

图 2.15　战国十五连盏青铜灯，河北平山中山王墓出土。现藏河北省文物考古研究院。

领袖，她暂时还没有被后起的等级制神谱所束缚，并以自己独立的地位为人们提供了充足的想象空间。也正因如此，在东汉末年的各种"天师道"起义中，西王母以其针砭时弊、慈爱世人的形象，成为起义者号召民众的象征。而且这种象征形式一直延续到很晚的时代。

就像这些依托神山生长出来的新枝一样，中国古人的艺术事业才刚刚开始。既然神山已经有了一位女主人，这位主人还需要添置楼宇、招纳宾客，以及为新来者准备令人欢愉的款待。那么，昆仑山上，西王母殿中，还藏着许多灵感的源头，为人们提供了更多创造的空间，将古代和未来的艺术元素一并纳入其中。

第三章

武梁祠与昆仑山

地仙蔡诞的故事

东汉开始，随着西王母传说的广泛流行，与她相关的昆仑也从更早期的虚构概念日渐变成一种"真实"的存在。毕竟，对于普通人来说，西王母只为周穆王、汉武帝感动，难得一见，但她所在的昆仑之丘似乎还可以攀登一下。

于是，广大"好道"之人，甚至心术不正者，就纷纷把昆仑作为自己的人生目标。东晋葛洪的《抱朴子·祛惑》篇中，就记录了一位"亲眼"见证昆仑的好道者。此人名叫蔡诞，来自漠南草原的五原县，素来爱好求仙，但总是不得要领，只知道抛家弃业，天天诵经。

有一天，蔡诞外出修道，走入深山，家人也不知其踪，这样一走就是三年。三年后的某日，蔡诞突然回到了家里，又黑又瘦，形销骨立，完全没了人形。家人问他这几年里的去向，日子过得怎样，为何变成这般模样。蔡诞只说自己已经成仙，但不是高级的神仙，只是入门级的"地仙"，所以还未升天供职。这几年里，他先给早年高升的神仙当差，被安排去给太上老君管理驾车的飞龙。可他却忙着和诸仙对弈下六博棋，对飞龙管理不善，把飞龙弄丢了。闯了这桩祸事，他被罚到昆仑山下锄草。

他在昆仑山下受罚，却能近距离观察神山。只见昆仑极高，"去天不过十数丈也"。山上有巨大的"木禾"，谷穗极大，还有挂着各种宝物的"珠玉树、沙棠、琅玕、碧瑰之树"，果实非常软糯可口的"玉李、玉瓜、玉桃"。风吹过山峦，挂满金玉宝物的树叶枝条相互碰撞，发出悦耳的声音。而在通往山顶的道路上，有无数巨大的城门和城楼。楼下有青龙、白虎、长蛇、巨蜂环绕。除此之外，还有"狮子、辟邪、天鹿、焦羊"等三十六种神兽守卫，让天下的恶鬼恶兽不敢侵犯。

至于昆仑山上的居住者，有"无头子、倒景君、翕鹿公、中黄先生，与六门大夫"这些神灵，以及"幽昌、鹬鸫、腾黄、吉光"之类神鸟、神马，他们一同过着幸福的生活。只有得到老君"竹使符"许可的成仙者才能进入昆仑，其他一律不得飞越。

蔡诞说自己在山下一边锄草一边想，受罚需要十年才能刑满，不禁悲伤。这时正好仙人偓佺子、王乔出来巡行，见其可怜，就为之求情。他被允许放弃修仙的资格，返回人间生活，这才回到家中。

刚开始的时候，乡里乡亲中有不少人都相信了蔡诞到过昆仑的故事。可吹牛次数多了，难免会露出马脚。在家人的追问之下，他只好说出实情。原来他三年来都躲在山里，因为不懂采掘草木、根茎充饥的办法，只能靠着捡树枝卖柴，勉强解决衣食问题。这样挨过了三年饥冻的日子，最后实在忍受不了山中辛苦，才逃回家里。

蔡诞被贬到昆仑山下锄草的事情是假的，但这个故事本身应该不假。《祛惑》篇中记载的幻想自己进入仙境的故事不止这一个，在很大程度上帮助我们窥见了汉代留下的有关昆仑山的基本模样。

开玩笑地说，蔡诞的谎言之所以被人戳破，其中一个原因或许是他漏掉了昆仑山最重要的主人——西王母。他自称在山下锄草不少日子，见了不少山中神灵，其实，他编出来的"无头子、倒景君、翕鹿公……"在文献中都查无此人。而古人心中昆仑山上必不可少的西王母却被他忘了，怪不得会被人揭穿。

不过，他的谎话一开始编得有板有眼，唬住了不少乡民，也不是全无道理。因为这与古人心目中昆仑山的真实形象有那么一点儿相似。

山东嘉祥武梁祠

东汉桓帝时，山东嘉祥县城南武翟山村建起三座（一说四座）石祠。祠堂的主人是当地一个武姓的家族，为的是纪念族内颇有成就的两代成员。这三座石祠内部都刻画了非常细致的画像，极富时代特征。由于黄河泛滥和疏于管理，到宋代时石祠已经被黄土掩埋，只有拓片留存。直到清代金石学家黄易的偶然发掘，这批石刻才得以重见天日。从此之后，经海内外多位学者的研究，这三座石祠便以"武梁祠"（武氏祠）之名流传于世，成为我们了解东汉时人们精神世界的另一物质窗口。

这三座石祠遗存约五十块石刻，按照东山墙、西山墙、前壁、后壁及屋顶盖石的结构，可以分为四组。其中最有特点的当数东、西山墙，因为从侧面来看，山墙确定了石祠的基本结构。由此来看，每一座石祠都具有一种类似谷仓一般，下为矩形、上为三角尖顶、接近锥体的构造，我们也可以把它称作山形结构。

以武梁祠西壁画像为例（该石也被称作"武梁祠画像第一石"，图 3.1），画面自上而下分为五层，三角尖顶为顶

图 3.1　东汉武梁祠西壁画像。现藏山东嘉祥武氏墓群石刻博物馆。

图 3.2　东汉武梁祠东壁画像。现藏山东嘉祥武氏墓群石刻博物馆。

层，其下共两栏，每栏分上下层。这块画像石表面为石刻，实际上也可以视为一幅完整的图画。接下来，通过对这幅图画的"图像志"分析，足以让我们深入更真实的"昆仑"世界。

第一层的三角尖顶，正中是端坐的西王母，只见她"发绾三环高髻，髻两侧露笈，双肩有翼，座两侧昂出二龙首"①。左边是一只人首鸟身的神兽，两个飞奔的羽人，一条带翼飞龙，两个有翼侍女。右边有一鸟、一蟾蜍，二玉兔捣药，以及两个带翼侍女，和左边相对。（和西壁对应的东壁位置，图3.2，西王母被换成了东王公，构图的其他方面基本一致。）

该层之下由卷云纹、双菱纹和连弧纹与下方的第二层隔开。第二层分刻古代帝王十人，从左往右分别是伏羲（女娲）、祝融、神农、黄帝、颛顼、帝喾、唐尧、虞舜、夏禹、夏桀。下面第三层则是孝子故事四则，从左往右分别是丁兰刻木、老莱子娱亲、闵子骞御车失棰，以及曾母投杼。第二层与第三层之间只有一道横栏简单隔开，而三、四层之间则用双菱纹和连弧纹隔开（比一、二层之间只少了一道卷云纹）。

---

① 蒋英炬，吴文祺，《汉代武氏墓群石刻研究（修订版）》，人民美术出版社，2014年，第85页。

```
东王公            后壁(武梁祠一)         西王母
历史故事          历史故事              历史故事
历史故事          历史故事              历史故事
历史故事    人物 连 楼  历史故事         历史故事
处士车 庖厨  车骑 理 阁  车骑              车骑
                  树
东壁(武梁祠二)    后壁(武梁祠一)      西壁(武梁祠三)
```

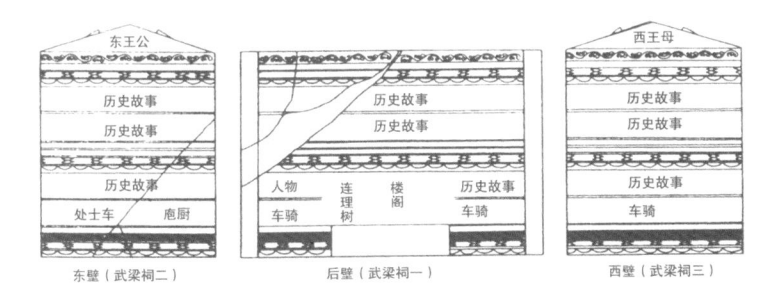

图 3.3　武梁祠建筑配置图（之一）。

第四层，从左往右为三则刺客故事，分别是荆轲刺秦王、专诸刺王僚、曹沫劫齐桓公。第四与第五层间也只有一道横栏。第五层也就是最下一层，为一列车骑，有二荷戟骑士为轺车开道，后有二骑从跟随，再后还有棚车、骑从、步卒随从。底下除了双菱纹和连弧纹外，还有一道绚纹。

这面如同谷仓一般的山墙石刻画像就是这样，层次分明，秩序井然，以至于研究者可以为其绘制出一幅更加简约的图画（图3.3），从上到下依次是西王母、历史故事、历史故事、历史故事、车骑。空间上，西壁会通过后壁与东壁相连，加上刻画着各种祥瑞图案的屋顶，一同形成了一个半开放式结构——一间前门开放的小房子——祠堂。后壁除了与东、西两壁连续的二、三层的历史故事外，在属于第四、第五层的中间位置，还专门刻画了连理树与楼阁的图案。这些纹饰与五层的东、西山墙正好构成了一个整体。

在另两组和武梁祠相仿的石刻中,第二层的古代帝王被孔门弟子所替代,第三层为车骑,而最下两层刺客和车骑图案也被替换为攻战场景和歌舞、宴乐。关于武氏祠的基本内容就是这些。

武氏的家国路径

显然武梁祠的石刻画像与昆仑山之间有密切关联。武梁祠作为中国最为知名的汉代石刻遗址,又经过许多学者研究,早已名声在外,但人们对于这座祠堂的主人却还不太了解。

因为包括《后汉书》在内的历史文献并没有记录这个东汉家族。好在研究者通过对武氏墓群石刻阙铭和碑文的梳理发现,三座石祠大约分属武家两代人所有。武家第一代有武梁、武开明等四兄弟,武开明则有二子武斑、武荣为第二代。加上碑刻还提到武梁、武开明的母亲,以及武梁的孙子,一共四代,但出仕成就主要集中在中间两代。

武梁一家出仕为官,大致在东汉末年汉桓帝在位的二十多年里。到汉灵帝初年时,家族核心都已凋零。家族中最先出仕的是武梁,他对《诗经》很有研究,对河洛之学、诸子传记也颇有造诣，后官至刺史或郡国佐吏的从事。武梁的弟弟武开明则因品行优秀，由地方举孝廉，后官至吴郡府丞。武家下一代中最杰出的代表是武开明的两个儿子，其中武斑同样经府君察举孝廉，后官至敦煌长史——物理意义上距离昆仑山最近的人——并有安定边防的武功，只是去世较早。武斑的兄弟武荣是武家官职最高，但也是最后一位留下名字的出仕者。他和伯父武梁一样年少成名，不但专治《诗经》，还广学《孝经》《论语》《汉书》《史记》《左氏》《国语》，经过推举孝廉，官至执金吾丞，负责京畿地区的治安。最后在汉桓帝驾崩、灵帝登基前后很快去世。

由于石祠画像石的散落，只能确定武梁祠的大致构成，对另外两座石祠的主人（在三位潜在候选人中）缺乏更精准的对应。但是，从武梁一家通晓经史学问、举孝廉、出仕为官的普遍经历可以看到，这就是东汉时期地方大族参与国家治理，进入社会更高领域的基本路径。大约从汉武帝开始，儒学成为国家的显学，中国知识分子开始了通过熟悉儒家经典，从而走上仕途获得官职的千年之路。

儒家学说把夏、商、周及之前传说中的古代帝王视作"圣王"（圣明之王）的典范。他们的时代国家强盛、人民安康。更重要的是，这种强大可以让年轻人不用出征忍受战死的威胁，得以在家孝养老人；也能让壮年人不用常年在外，为战场做好后勤，得以在家关爱幼儿的成长。这就是"尊老爱幼"的本意。建设、捍卫这样的国家，是每个儒学实践者投身社会、积极参与国家事务的本质动力。

然而，当国家四面出击，但胜少负多，且没有结束的迹象时，与国力一同迅速衰退的，还有每个普通民众的信心。自汉武帝开拓西域的奢侈师旅以来，两汉王朝（包括新莽代汉）经历了数次起伏，但开边战争的巨额支出却在不断攀升。当深深浸淫儒家"修身治国"理念的武氏精英为帝国倾尽所有之时，比如二十五岁就死于敦煌长史任上的武斑，或许只能用另一种形式将自己的人生铭刻在先贤云集的万神殿中。

万神殿的秩序

武梁祠的西壁上就刻画了这样一座万神殿（传说中古往今来所有神明栖居的地方）。当然，东壁、后壁也是。以往的研究者只看到山墙最上端的西王母（与东王公），并以这个三角形锐顶作为昆仑山的象征[1]，事实上，错过了水面

---

[1] [美] 巫鸿，《武梁祠：中国古代画像艺术的思想性》，柳扬，岑河译，生活·读书·新知三联书店，2006年，第135—136页。

之下百分之九十的"冰山"。因为放眼所及皆是昆仑。整面山墙，包括尖顶和下方四层矩形组成的谷仓结构，都是昆仑山的一部分。

有了这样的思维方式，加上本章开头蔡诞的故事，我们再来审视这面石祠的山墙。从上往下，第一层昆仑最上方的西王母不用多言，作为这座神山的主人，自有羽人伺候，迎送宾客，也有龙虎猛兽严守门阙。这座山顶实在太高，甚至位于云层（卷云纹）之上，与之下相对较低的山峰（表现为双菱纹和连弧纹）一一隔开。

第二层是仅次于西王母的第二高位，清一色的古代帝王共同占据了这个"一人之下，万人之上"的位置。很显然，在儒家学者心中，那些古代伟大王朝的奠基者是昆仑仙境中地位最高的居住者。他们也是所有后世登山者心目中永远可望而不可即的"众神"。

顺着这样的思路，古代帝王之下的孝子事迹就非常容易理解了。古代圣王在位之世，是四夷顺服、国家强盛的时代。而两汉以来不断的外战，使得社会凋敝，失去了"尊老爱幼"的基础。于是，留下著名事迹的孝子就成为世人学习的榜样、国家回归盛世的象征。他们也随之成为永恒神山上略低于圣王的高级居民。

画像石的第二层与第三层之间只有一道横栏隔开，证明了"孝道"与圣王的联系。而第三层与第四层之间又一次出现的山峰（双菱纹和连弧纹），将代表"忠义"或武功的刺客故事及石祠主人巧妙地留在了半山腰和刚开始登山的入口。这一结构恰到好处地保留了一种行将隐藏的古老传统。结合石祠后壁中心位置的连理树、楼阁，以及屋顶祥瑞石上刻画的祥瑞图案，为我们从下而上讲述了一个完整的故事。

（一）最下层（第五层）的车骑是祠主去世后，护送他的英灵进入昆仑神山的车队。

（二）后壁中间的楼阁，是祠主凭借一生的功绩，在神山获得的永久性居所（图3.4）。他武功卓越，使他得以忝列古代（刺客）武士的行列，独享为勇者专备的楼阁，楼

图 3.4 东汉武氏祠左石室后壁下部小龛后壁画像。现藏山东嘉祥武氏墓群石刻博物馆。请注意树冠中藏着的猴子。

上还有两名发绾三环高髻的贵妇陪伴，俨然落入永久的温柔乡里。边上拴着马车的连理树高高向上，被飞鸟环绕，仿佛随时要穿破画面，向着神山更上一层蔓延舒展——这株从昆仑山脚长出，就要冲上山顶的高树，无疑便是古老青铜神树（或摇钱树）的二维化身。值得注意的是，树冠中央藏着一只猴子。猴子所具有的攀登（高山、高树）能力，使其身影几乎贯穿本书。

（三）从山腰仰望高处山峰，那里是以孝道闻名的孝子和强盛王朝的奠基者。他们虽是祠主难以企及的高峰，但也不失为人生追求的标杆，安居阁楼远眺，不虚此生。

（四）昆仑顶峰的西王母是神山的主人，正是经她允许，祠主才能与众神同住昆仑。就算不能像仙人偓佺子、王乔一样，驾着飞龙、鱼车往来天空，但总有机会分享到西王母的仙酒、仙桃，岂不乐哉。

水陆攻战纹铜壶的另一个身份

凭着一生的德行进入昆仑，成为神山的一部分，就是东汉末年嘉祥武氏家族共同的愿望。然而，在这个故事中，还有许多难解之谜。比如，武氏祠另外两块山墙画像石的四、五两层刻画的"攻战"场面又是怎么回事。正如西南地区

图 3.5　战国水陆攻战纹铜壶，四川成都百花潭十号墓出土。现藏四川博物院。

图 3.6　战国水陆攻战纹铜壶纹样线描图。

的摇钱树可以上溯到古老的青铜神树，这条英雄登山的成神之路也有更久远的版本。而这幅生动的画面，就是版本迭代所留下的重要信息。

这个更早的版本就来自战国时代的水陆攻战纹铜壶（也称"宴乐渔猎攻战纹铜壶"）。这类青铜壶各地出土不多，但也有数个①，最著名的大约是成都百花潭出土的一件（图3.5）。铜壶基本都是侈口、斜肩、鼓腹、矮圈足构造，表面纹饰在器盖以下分为三层，每层都用云纹或水波纹隔开（图3.6）。相比"水陆攻战纹"，"宴乐渔猎攻战纹"这一描述或许更为准确。因为壶身上的三层纹饰从下而上确实可以概括为"攻战、宴乐、渔猎"三个部分（请注意词序上的细微差别）。

当我们使用"登山"视角来审视铜壶表面纹饰时，就会发现，这一构图在叙事上的连续性特征：（一）无畏的勇士在战斗中因杀敌而获得荣誉。（二）一生卓越武功，保证他在另一个世界得到丰厚的奖励，既有飞禽、游鱼等食物，又有音乐、佳人抚慰身心。（三）只有留下更伟大传说的远古武士，才能升入更高的神殿。那里有巨大的神树，可以

---

① 存世的较为出名的水陆攻战纹铜壶大约有五件：1.河南汲县山彪镇1935年出土；2.四川成都百花潭1965年出土；3.陕西凤翔高王寺1977年出土；4.北京故宫博物院藏；5.上海博物馆藏。

图 3.7 战国水陆攻战纹盖豆，四川宣汉县罗家坝出土。现藏四川省文物考古研究院。

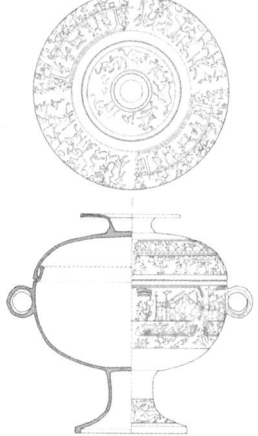

图 3.8 战国水陆攻战纹盖豆纹样线描图。

登上天堂。（四）通常由立体禽鸟、刻画神兽（与人）图案组成的器盖，以往常被忽略，这也许就是西王母尚未莅位时的神山之巅。这种壶状神山图案格局，在类似的战国水陆攻战纹盖豆（图 3.7、图 3.8）上展现得更为明显，同时可对比图 1.3 及图 2.5。

从武氏祠山墙画像到水陆攻战纹铜壶，我们又完成了一次从汉代到战国的穿越。这幅攻战画面正好解释了不同山墙相同位置上，有时替换出现"刺客故事"画像的原因。虽然儒家文化的古代圣王、孔门圣贤、著名孝子置换了"远

图 3.9　东汉武氏祠前石室西壁下攻战图石画像。现藏山东嘉祥武氏墓群石刻博物馆。

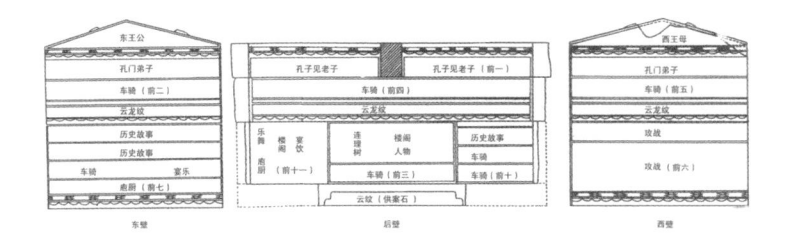

图 3.10　东汉武氏祠前石室建筑配置图（之二），攻战图在西壁下方位置。将本图从左往右均匀翻卷(加上室门)为桶形,则可呈现接近图 3.5 的纹饰分布。亦参图 3.11—3.13。

古武士"的传说，但兼具武功与忠义的刺客故事，还在文化更新的同时，极大保留了古代传统的叙事结构，为我们寻找艺术发展的源头提供了不可或缺的线索。对于这件事情，南朝齐、梁道士陶弘景在《真诰·阐幽微》中总结道：

"自三代以来，贤圣及英雄者为仙。"恰如其分地道出了古时进入昆仑山万神殿的资格门槛。

当然，对比两种载体的"水陆攻战"画面时（图3.9），我们依然可以发现其中的具体差异。铜壶纹饰呈现较多的"水战"场景（占本层一半），在山墙上缩小了很多，被压缩在了桥下（占画面四分之一），"陆战"比例则相对激增（图3.10）。这种趋势似乎暗示，从晚近到远古逆推，是否存在一种"水战"占据主导地位的情景。此外，新出现的，并在画面占据中心位置的桥梁，也不仅仅是创作者的信手一笔。因为在人类学家眼中，任何一丝新出现的文化细节，其背后都有有趣的结构变化。

看山不是山，看水不是水，从此，铜壶也不再是铜壶。

图3.11 西汉神兽纹尊，甘肃平凉出土。现藏甘肃省博物馆。

第三章 武梁祠与昆仑山 / 077

图 3.12 西汉晚期鎏金兽纹樽及盖，山西右玉县大川村出土。现藏山西博物院。

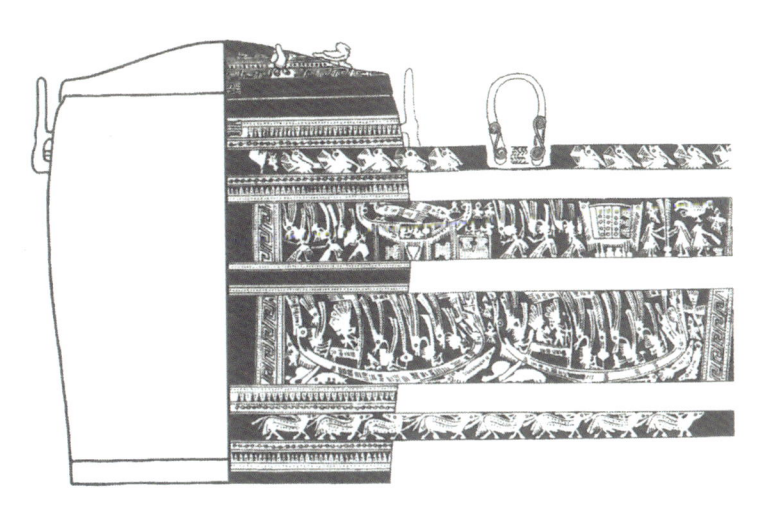

图 3.13 约西汉中期越南安沛省合明铜提桶，越南安沛省镇安县合明社土丘遗址出土。现藏安沛博物馆。可留意桶身中部的武士竞渡纹（下）和庆祝宴乐纹（上）。

每个人心中都有一座昆仑山

每个人心中都有一座昆仑山。有的山上"去天不过十数丈",有的山上长着神树,有的山上建起住满古代帝王、孝子贤徒、英雄武士和西王母的万神殿。从西汉到东汉,昆仑山上的景致(神树、楼台)越来越多,入住的居民越来越多,形象也变得越来越具体。唯一不变的是,这始终都是人们心中最美好的"天堂"。

感谢东汉末年的嘉祥石工,把这座神山天堂具体凿刻在武梁石祠的山墙和内壁上,将古今(远古至东汉)、中外(西域到越地)各种有关彼岸世界的想象集中在一起(图3.11—3.13),汇成一个有机整体。其实,汉代的东亚各地曾制造过许多具有山形器盖的多层桶形容器。比起变形较多的铜壶、铜豆,它们与武梁祠石刻的画面在形制和内容叙事上有着天然的相似之处,仿佛后者的缩小版本。借助这一视角,我们再次通过石刻画面所表达的逻辑体系,走入汉末民众的内心世界,感受其中结构性与流动性的两面。

首先,它确立了一个以西王母为顶点的金字塔形万神殿构造,确定了中国神谱的基本原理——至于将来西王母的"后台化",以及其他女性、男性神灵的崛起,那是以后的话题。来源于多层香炉、多层摇钱树座的阶梯式结构逐渐固定,并由下往上按阶序从低到高排入相应的神祇,这对后世产生了深远影响。

其次,正如"善行"是世界各地英灵进入天堂的普遍标准,中国古人也有他们关于"善行"的独特定义和道德榜样——贤圣及英雄者为仙。因此,当古代帝王、孔门弟子占据了"远古武士"原本的位置(也可以理解为把后者降格为"刺客故事"的层级),位于核心位置的长舟勇士(图3.13,参图12.19)就下移到了石祠下方的桥梁战场(图3.9、图3.10)——舟船和桥梁作为登仙隐喻,在本书还会一再出现。这种变化既反映了新莽到东汉之际,儒学地位如日中天的鲜明时代特征,也预示了"铁打的万神殿,流水的神仙席"之本质。神谱上的位格,始终发生着与时俱进的激烈变迁。

随着"天堂"日趋具体完美的,则是现实世界的日渐崩析。东汉末年纷乱的时局,标志着汉代盛世的结束,以及多元文化时代的开启。然而,并非每个人都能在时代变革面前表现得应对自如、随机应变。人们是否真的有理由嘲笑来自五原县的蔡诞,仅仅因为他想象自己去过昆仑,我们暂时保留意见。因为和敦煌长史武斑去世的地点类似,五原也位于国家的边境,当时那里的生活远比内地更加艰辛。

更重要的是,这个虚拟的"天堂"至少为许多对现实感到无助的人提供了一个重要的选择。当然,对于名垂史册的文学家而言,"天堂"或许意味着一次更富温情的浪漫之旅。

第四章 《洛神赋图》与曹氏父子

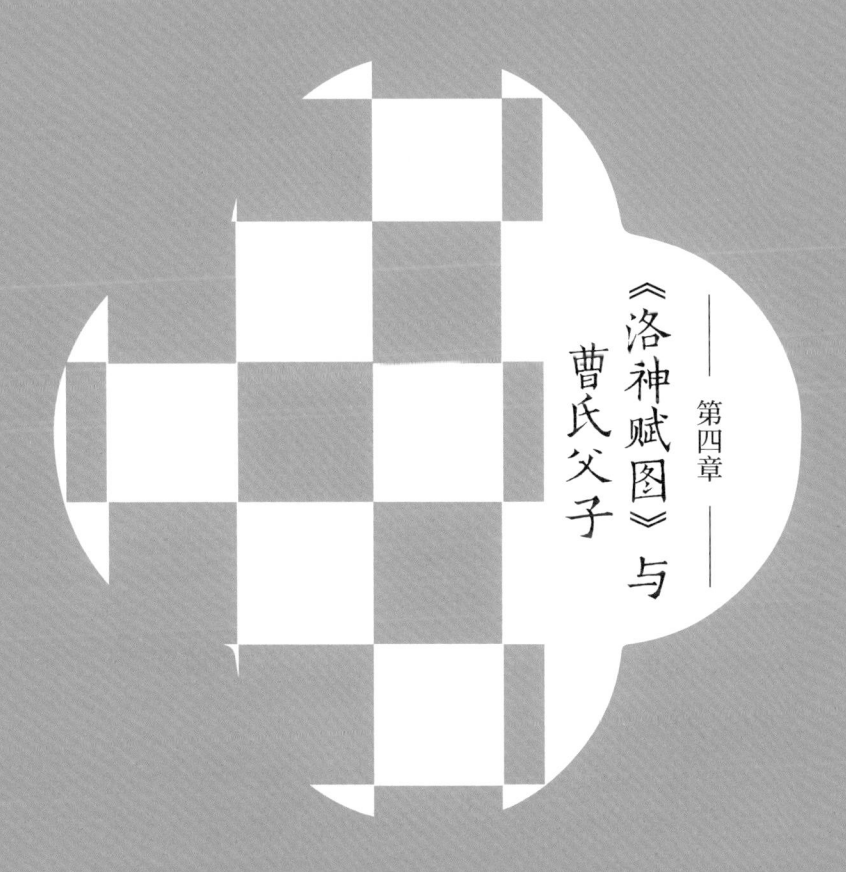

曹植与《洛神赋》

222年的4月,陈思王曹植正要离开洛阳,返回他的封地鄄城(今山东菏泽市鄄城县)。鄄城远在洛阳的东方,黄河下游,为此他先要南渡洛河,才能一路向东。就在洛河之畔,曹植一时神情恍惚,思绪飘散,因为眼前出现了令他终生难忘的景象。

两年前,他的兄长曹丕接受汉献帝禅位,成为新的皇帝。然而,这对曹植来说却是不幸的开端。曹丕即位之初,就有人举报曹植为汉帝"发服悲哭";之后,又传出曹植对监察官员"醉酒悖慢,劫胁使者"。这些罪状使得曹丕先削除了曹植的爵位封地,免为庶人,后又几乎起了诛杀之心,最后因一母同胞的关系,曹植才免于一死,改迁安乡侯。在这几年里,曹植数度遭遇戴罪、禁锢和迁移,不要说做个地方王侯,连性命都没有保障。

这年元旦,曹丕即位后举办第一次元旦朝会,曹植本打算将这几年的惨状和遭受的误解当面直陈兄长。然而,曹丕并没有在京,他提前东巡去了许昌,还下令从此取消朝会。这一冷遇让曹植在洛阳苦等数月后,终于悻悻而返,结束了这场"事先张扬"的兄弟相见。

南渡的这天,曹植看到水波浩渺的洛河之上,一位"丽人"缘山而立,她就是洛水之神,名叫宓妃。她身形飘逸,"翩若惊鸿,婉若游龙";容貌极美,"明眸善睐,靥辅承权";又风情万种,"柔情绰态,媚于语言"。曹植很快就被她美丽的容颜、活泼的性格所吸引,陷入了深深的爱慕与担心被拒绝的惆怅中。此时的宓妃却被他的真情所打动,召集"南湘二妃,汉滨游女"等神女,与曹植相会。这一切美好的景象直到"屏翳收风,川后静波;冯夷鸣鼓,女娲清歌"后戛然而止,六龙驾驶的云车载着女神翩然离去。那种依依不舍,直叫人潸然泪下。

怀念着不知所终的洛神,曹植的心中涌起愁绪万千,希望她可以再次现身,但终不可得。对女神的思念令他夜不能寐,直至天明,徘徊留恋,久久无法离去。回到自己的封地后,与洛神相逢一事令曹植久久不能忘怀,于是便将这难得的"不期之会"写成了千古流传的名篇《洛神赋》。

有关《洛神赋》创作的故事就是这样。它一直被收在南梁萧统所编《文选》中,直到四百多年后的唐代,一位名叫李善的《文选》研究者在为《洛神赋》作注时,认为是曹植爱上了他的嫂嫂——曹丕的皇后甄姬。曹植赴洛阳朝见之时,甄姬受后宫谗言而死,曹丕"示植甄后玉缕金带枕",让他难掩心中悲伤。所以,在归途路过洛河之滨时,因情深而感动的甄后之灵化作洛神来见他,将一片真情寄于枕中。曹植因此情不自禁地写下了《感甄赋》一篇,后因他兄长曹丕的关系,才被改成了《洛神赋》。

李善有关曹植"爱慕而不可得"的崭新观点一经问世,立即引起了后来者的追捧。比如,较李善稍晚的唐传奇作者裴铏,就在奇幻小说《萧旷》一文中植入了"甄植恋"的情节。从此以后,这一说法不胫而走,在之后的一千四百多年中俨然成为主流。这一切遂围在《洛神赋》周围,升起许多迷雾,将真实与幻境罩在一种神话的氤氲之下,使人难见"洛神"的真容。

其实,真相并没有那么难觅。曹植的这篇赋文自完成之初就广受世人喜爱,东晋王献之爱之甚切,一生中多次手书此赋,留下了碧玉版《洛神赋十三行》(图 4.1),实现了文学与书法瑰宝的有机结合。另外,还有一位与王献之

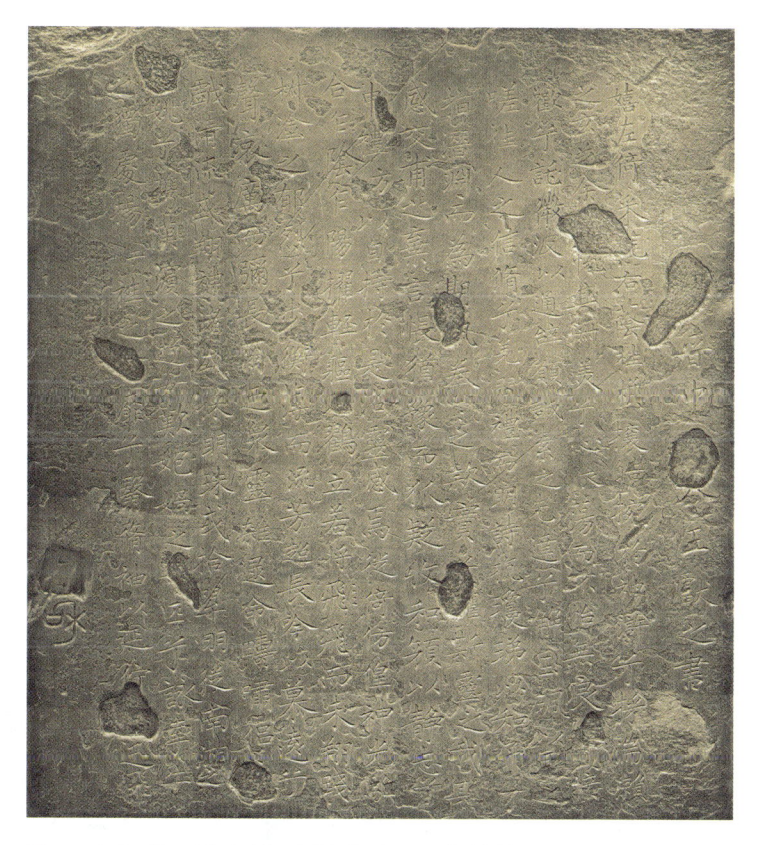

图 4.1　东晋王献之《洛神赋十三行》（碧玉版）。现藏首都博物馆。

基本同时期的画家顾恺之，更是用画笔展现出宓妃的神韵。被认为顾恺之亲笔的《洛神赋图》，不但让后人领略到最早期中国绘画的魅力，而且为我们解读曹子建与《洛神赋》的传说留下了重要的线索。

《洛神赋图》的演绎

我们今天看到的《洛神赋图》都传为东晋顾恺之所作①，只是真迹已经不见，能见到的是宋代的摹本。在这些传世摹本中，公认最得六朝真意的，当数辽宁省博物馆藏本。这幅图画将《洛神赋》内容与画面穿插，为赋文中出现的每一个人物、形象及场景绘制出栩栩如生的图像，为观者真正体会赋文作者的心声提供了一种全新的形式。

图 4.2 《洛神赋图》（之一），宋摹本。现藏辽宁省博物馆。

---

① 邵彦，《〈洛神赋图〉是顾恺之画的吗》，《紫禁城》，2005 年第 S1 期。

画面从右往左一共分为五个片段。第一段（图4.2）为"相遇"，九人立于洛水岸边，八人为侍从和小童，簇拥中间为首一人，此人略微年长，有王者之气，当是曹植本人。他的对面，崖岸水面上腾空立着一位女神，高髻罗裙，面朝王者，他们四目相对。她在身后圆圆日头和群山芝树的衬托下，显得格外飘摇明丽。这一画面与《洛神赋》开头曹植"还济洛川"，路过"芝田、阳林"与洛神相遇的赋文内容完全吻合，连文中用来形容女神飘逸的"惊鸿"与"游

图 4.3 《洛神赋图》(之二)。

图 4.4 《洛神赋图》(之三)。

第四章 《洛神赋图》与曹氏父子 / 089

图 4.5 《洛神赋图》(之四)。

图 4.6 《洛神赋图》(之五)。

第四章 《洛神赋图》与曹氏父子 / 091

龙",也被具象的手法呈现了出来。

第二段（图4.3）集中展现洛神与曹植"相悦"场景。画面以洛神开始，只见她在空中"左倚采旄，右荫桂旗"，飘然来到王者跟前，两人交谈，令人心怡。曹植担心"无良媒以接欢兮"，只能"托微波而通辞"。女神显然听到了他的心声，于是"命俦啸侣"，更邀请诸位仙女与他相见，留下了难得也难忘的一幕。

第三段（图4.4），良宵苦短，上天诸神敲响催促的鼓声，呼唤洛神结束"不舍"的离别。为了体现洛神与曹植的难舍难分，画家在这一幕具体描绘出了"屏翳收风，川后静波；冯夷鸣鼓，女娲清歌"这四组人物和动作。用屏翳、川后、冯夷、女娲的催促召唤，衬托出洛神"进止难期，若往若还"的丰富情感。而画中的曹植则在五个仆人的陪伴下，望着回眸的洛神，流露出不舍和挽留。

第四段（图4.5），情节继续推进，"告辞"时分终于来临。洛神坐在云车之上缓缓离去，六龙并排为她驾车牵引，车毂两侧是鱼、龙腾跃，小一点儿的是文鱼（有斑纹或条纹的鱼），大一点儿的是鲸鲵，队伍最后的则是骑着水禽的护卫。这幅画面正是对《洛神赋》中"腾文鱼以警乘，鸣玉鸾以偕逝。六龙俨其齐首，载云车之容裔。鲸鲵踊而夹毂，水禽翔而为卫"一段的完美演绎。云车中的洛神面带流连之情，与河岸上伸手握空、徒然望洋兴叹的君王恰好呼应。曹植身后的侍者捧着一卷白纸，似乎是已经准备好让他记录下这段奇幻的历程。

第五段（图 4.6），也就是最后一段，再现了"难寐的归途"。这一段由三幅连续的画面组成：（一）君王乘舟渡过洛河，正所谓"御轻舟而上溯，浮长川而忘返"。（二）入幕之后，君王靠岸停歇，独坐床榻，侍从为他点燃两支长烛，而他却今夜无眠，"夜耿耿而不寐，沾繁霜而至曙"。（三）最后的画面中，君王乘坐驷马驾驶的马车，行驶在归途之中，他回首眺望，依依不舍地离开洛河之畔，"怅盘桓而不能去"。

《洛神赋图》中的这五个片段，将曹植与洛神从相逢到离别的情景一一描绘，几乎是用连环动画的形式，为我们展现了一段一千八百多年前人神间美妙的邂逅。它不但将一篇《洛神赋》演绎得惟妙惟肖，而且为我们进入魏晋时人的精神世界，打开了探索的门户。

曹操与《气出唱》

曹植惆怅于洛水之畔的十五年前，他的父亲曹操率大军路过了渤海碣石。曹操没有像曾到过这里的秦始皇、汉武帝一样，派人入海"求仙人不死之药"，而是写下一首著名的《观沧海》："东临碣石，以观沧海。水何澹澹，山岛竦峙。树木丛生，百草丰茂。秋风萧瑟，洪波涌起。日月之行，若出其中；星汉灿烂，若出其里。幸甚至哉，歌以咏志。"

几个世纪前，秦皇、汉武将这块海中巨石视作世界的尽头、天涯海角，碣石之内是凡人的世界，碣石之外是"不死仙家"的领地。几个世纪过去了，曹操作为第四个来到碣石的古代帝王（在他之前，秦二世也到过碣石；而曹操的帝号是儿子曹丕即位后追封的），为什么没有像前辈一样在此求仙？原因很简单，曹操不是和古人一样由南往北，止步于碣石，而是正从北边率军南归，恰好路过这里。

换句话说，碣石之外的世界曹操早已到过，那里有没有神仙，他心里自然清楚。几个世纪以来，汉王朝早已探索到碣石之外的世界，那些过去模糊的神仙国度，很快变成了具体的人群和土地。汉末的人们早已知晓，碣石之外没有神仙，那里只生活着牧马的乌桓、鲜卑等人群，他们曾因汉朝讨伐匈奴的行动而武装起来。只要获得这些马背外援的协助，就能获得一统中原的优势。按照《三国志》的记载，曹操的辽西之战取得大胜，收服"三郡乌丸为天下名骑"。

毫无疑问，那首著名的《观沧海》就写于大军凯旋之际。

此时的曹操正意气风发,踌躇满志,"日月之行,若出其中;星汉灿烂,若出其里",而澹澹大海中"山岛竦峙",碣石之外没有仙人。

然而,现实却非常骨感。辽西之战大胜后一年,三国时代最著名的"赤壁之战"爆发,南下的魏军被孙刘联军大败于赤壁,三足鼎立之势从此确立。在之后的十年中,曹操的对手在张鲁、马超、刘备、孙权中不停轮换,直至生命最后一刻。而且,他再也未能写出昔日那般气势磅礴的诗句。

许多年以后,后人为曹操编辑了一本《魏武帝集》,令人有些意外的是,位于卷首的并非那首名作,而是三首《气出唱》:

(一)

驾六龙,乘风而行。行四海外,路下之八邦。历登高山临溪谷,乘云而行。行四海外,东到泰山。仙人玉女,下来翱游。骖驾六龙饮玉浆。河水尽,不东流。解愁腹,饮玉浆。奉持行,东到蓬莱山,上至天之门。玉阙下,引见得入,赤松相对,四面顾望,视正焜煌。开玉心正兴,其气百道至。传告无穷闭其口,但当爱气寿万年。东到海,与天连。神仙之道,出窈入冥,常当专之。心恬澹,无所愒。欲闭门坐自守,天与期气。愿得神之人,乘驾云车,骖驾白鹿,上到天之门,来赐神之药。跪受之,敬神齐。当如此,道自来。

(二)

华阴山,自以为大。高百丈,浮云为之盖。仙人欲来,出随风,列之雨。吹我洞箫,鼓瑟琴,何闿闿!酒与歌戏,今日相乐诚为乐。玉女起,起舞移数时。鼓吹一何嘈嘈。从西北来时,仙道多驾烟,乘云驾龙,郁何蓩蓩。遨游八极,乃到昆仑之山,西王母侧,神仙金止玉亭。来者为谁?赤松王乔,乃德旋之门。乐共饮食到黄昏。多驾合坐,万岁长,宜子孙。

(三)

游君山,甚为真。礧磈砟硌,尔自为神。乃到王母台,金阶玉为堂,芝草生殿旁。东西厢,客满堂。主人当行觞,坐者长寿遽何央。长乐甫始宜孙子。常愿主人增年,与天相守。

诗画营建的仙境

从曹操的《气出唱》到曹植的《洛神赋》,我们似乎已经能找到曹氏父子心灵上的相通之处。尤其是前者诗中随

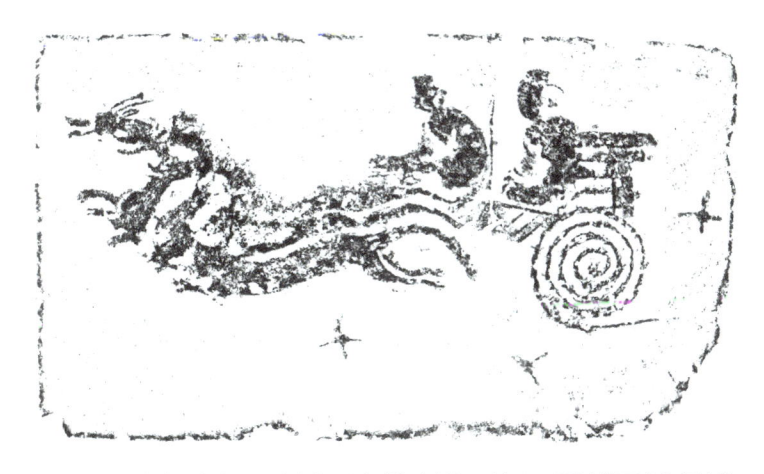

图 4.7　东汉龙车画像砖，四川省新都县（今成都市新都区）出土。现藏新都区文物保护所。

图 4.8　东汉乘云气仙人之龙车鱼车鹤驾壁画，陕西靖边杨桥畔一村出土。现藏陕西省考古研究院。

处散落的"骖驾六龙""玉女起舞""到蓬莱山""昆仑之山，西王母侧"，以及"芝草生殿旁"，时刻提醒我们，这对父子所共享的感官视角（图 4.7、图 4.8）。

　　从碣石之外的辽西获胜归来，曹操的势力非但没有力压群雄，反而逐渐陷入胜少负多的境地。事实证明，从碣

图 4.9 东汉拜谒西王母乐舞图壁画（局部，西王母及众侍从），陕西定边郝滩出土。现藏陕西省考古研究院。

石外请回的"名骑"不仅未能拯救他的军旅生涯,而且产生了两个深远的影响。第一,乌桓骑兵的南下,开启了从塞外到中原的迁移通道,将有越来越多的后继者参与到中原未来的政局纷扰之中。第二,碣石之外,那个曾经吸引秦皇、汉武的海外仙山从此消失,沦为一个"山岛竦峙"。哪里才是蓬莱,哪里才是昆仑,让气吞沧海的曹魏王迷失了最初的信仰。

能否在父亲失败的地方重新站起来,是对曹氏兄弟真正的考验。找回失去的昆仑山,是曹植献给已故父亲的一份迟到的礼物。当代学者通过对《离骚》《甘泉赋》《思玄赋》等诗赋的梳理,证明了"玉女、宓妃、西王母这一昆仑系统的神仙组合"的固定搭配。① 至迟到东汉中期,洛神宓妃已经与"青琴、玉女""湘娥、齐倡、郑女"一道成为经常陪伴西王母出现于昆仑之上的众女神之一(图4.9)。而且因其略低于西王母的神格,拥有了更多的人性一面。

现在我们可以回到顾长康的那幅《洛神赋图》了。虽然曹植不敢像父亲那样"到昆仑之山,西王母侧"(他在杂曲《神仙篇》中也只敢"东过王母庐"),但与同居昆仑的晚辈洛神宓妃互诉衷肠,也是他谨守本分的尝试之举。这

---

① 戴燕,《〈洛神赋〉:从文学到绘画、历史》,《文史哲》,2016年第2期。

位年轻一辈的女神果然比西王母可爱许多，大大方方地展现了她的"柔情绰态"，将曹植引向了美妙的仙境。

在画面的第二部分，洛神与曹植"相悦"场景中，表面上展现出两者的情感交融，处处留情。实际上，画家是借助洛神的脚步作为向导，把她所到之处充分渲染，以一种近似第一人称视角的方式，呈现了洛神所在虽洛水犹"昆仑（或蓬莱）"仙境的绝色景致。昆仑"山隅"可见"幽兰之芳蔼"，"神浒"之滨，能"采湍濑之玄芝"。来到这个仙境之人，不但能像洛神一样"践椒涂之郁烈，步蘅薄而流芳"，还能与"众灵杂沓，命俦啸侣"，享受各位女神的款待。可以说，这昆仑之上，除了持重的西王母外，其他女神全都到齐。这对一个思慕仙境的男性来说，已经抵达想象力的上限了。

不过，正如上一章中蔡诞所编造的那个理由一样，世间之人终要面对仙凡相隔的结局。画面第三部分的"依依不舍"，无论多么难离，终究还是"舍"了。只是官方的理由——女娲等众神的催促——看起来更加正式，更加情非得已。当然，这本质上并没有什么区别，在叙事结构上是相同的。

画面最出彩的篇幅，其实在第四部分的"告辞"。云车之上的洛神缓缓离去，六龙并排为她驾车牵引。《洛神赋图》

图 4.10 《洛神赋图》"六龙俨其齐首,载云车之容裔"画面。可对比第十一章的图 11.15。

上的"六龙俨其齐首,载云车之容裔"(图 4.10),可以说,就是曹操《气出唱》中的"驾六龙,乘风而行"。那"鲸鲵踊而夹毂,水禽翔而为卫"的不息江河,就是"东到海,与天连……乘驾云车,骖驾白鹿,上到天之门,来赐神之药"的通天云河。

凡间的轻舟只能渡过凡间的洛河,只有六龙驾驭的云车可以登上天门玉阙。画面第四部分与第五部分"归途"之间,鲜明的对比,无疑加强了腾龙、云车,甚至云水间翻腾的文鱼、鲸鲵,以及云水本身的神异之处。正是这些画家笔下极具象征性的创造物,为这一古老的"仙境"主题开拓性地提供了一个(文字之外的)视觉维度,也为后人的艺术创新提供了更多灵感的源头。

云车与鱼车

《洛神赋图》是中国绘画的"始祖",中国现存最早的绘画长卷(尽管我们今天所见的都是宋人的摹本),从这幅画中,有人看到了古典人物画的神韵,有人看到了早期山水画的面貌和技法。不过,从艺术表现的演进角度讲,这幅作品的里程碑意义,或许是通过《洛神赋》文本的转译,为人神之间两个世界的连通提供了一种更加具体的方案。

在其之前,包括我们提到过的许多历史传说或古代艺术品中,都曾不遗余力地展现了人们心目中仙境的物理结构(博山炉)、核心组织(西王母摇钱树)、人员构成(武梁祠山墙)。随着时代的推移,每一种物质文化制品的出现,在丰富仙境主题内涵的同时,也为其具体化进程增加了新的维度。在《洛神赋图》中,过去只是简单、模糊表现为"飞升"的登仙模式,被"云水"之间由六龙驱驰的云车所确立,并固定下来。

虽然早在马王堆帛画、漆棺彩绘图案中已经出现了非常成熟的飞龙形象,作为人间与灵魂世界的纽带,在《西京赋》中"海鳞变而成龙""含利飚飚,化为仙车"也不罕见,但云水中的六龙御车形象可以算是顾恺之的首创。从此以后,腾龙作为汪洋大海中前往海上仙岛的唯一指定摆渡者的身份

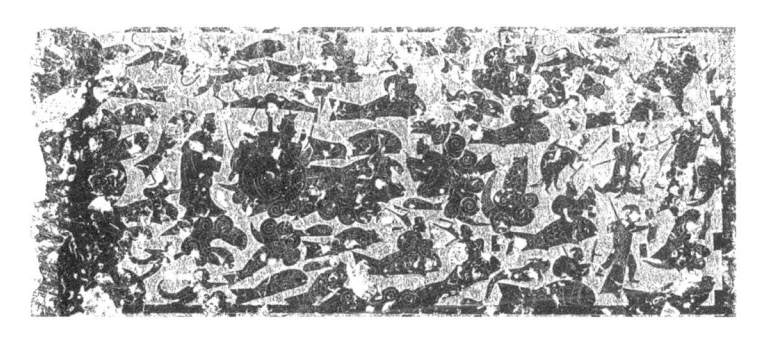

图 4.11 东汉武氏祠左石室屋顶后坡东段画像。现藏山东嘉祥武氏墓群石刻博物馆。

基本确立,不论有时化作戴翼飞马,还是有时化作海中瑞兽(图 11.9、图 11.14),它们的基本形象都同出一源,都可以追溯到曹氏父子笔下的六龙和《洛神赋图》中的妙笔。

当然,如果要给六龙和云车寻找一个灵感的源头,也并非难事。而答案就在上一章提到的武氏祠石室屋顶石刻画像之中。在这幅被称作"海灵出征"的图画上(图 4.11),画面中部是"三鱼驾一轺车右向行……鱼车下绕卷云纹和飞翼"。在鱼车的四周,是各种骑鱼的护卫、羽人、侍者。"在前导队伍和鱼车周围,有大大小小的游鱼……还有三条翼龙右向行。"[①] 无论这幅石刻画像的名称是否准确(有时也被

---

① 蒋英炬,吴文祺,《汉代武氏墓群石刻研究(修订版)》,人民美术出版社,2014 年,第 105 页。

图 4.12　西汉河伯出行画像,河南唐河县针织厂出土。现藏南阳市汉画馆。

图 4.13　汉代河伯出行画像,河南南阳王庄汉画像石墓出土。现藏南阳市汉画馆。

称作"河伯"或"水神"出行图,参图 4.12、图 4.13),从画面或图像志描述所传递的内涵已经非常明确——该画面位于石祠的屋顶,在建筑功能上,起到了连接东西山墙所代表"昆仑"神山的作用。

从更普遍的意义上讲,这类通称为"鱼车图"的画像广泛存在于新莽到汉末之间较长时段的墓葬之中。而且从鱼车图所具备的结构性位置——基本都如武氏祠一样,位于墓顶过梁或石祠屋顶——可以清晰发现,其所传递的装饰含义之外的明确的叙事特征。

当我们寻寻觅觅回到云水的尽头,在那里发现了尚未化成六龙的游鱼时,这不但为我们找到了解开《洛神赋图》的全新密钥,也打开了曹氏父子的艺术灵感与历史之间的通路。

曹氏三父子的游仙路

既然许多研究者都为《洛神赋》和《洛神赋图》的创作贡献了自己的解释,那么本篇就不惮于通过上述的分析,为这座殿堂再添新瓦。以往的研究已经证实,无论曹植与甄后的"叔嫂相恋",还是顾恺之作为《洛神赋图》的法定作者,都是相对较晚才被创造的观点。但我们借助有限的文物、文献的二重证据,依然有望获得一些新的思路。

首先,曹操在《蒿里行》中,用一句"白骨露于野,千里无鸡鸣。生民百遗一,念之断人肠",为汉魏时代的政局奠定了宏观的背景。随时随地都会发生的军阀混战,让下到无依百姓,上至地方枭雄,都难以看到乱世的尽头。

图 4.14 东汉鎏金羽人器座,河南洛阳东郊出土。现藏洛阳市文物工作队。

于是,他将希望寄托于物理意义上的"碣石"之外。然而,几个世纪以来的文化接触早已证明,"山岛"之外只有蛮夷,没有神仙。因此,当"天下名骑"与曹操一同兵败于赤壁之际，也标志着碣石模式的失败。

其实，物理的碣石崩塌了，并不影响非物质的（精神上的）"山岛"的稳固。晚年的曹操追随汉武帝《西极天马歌》中"天马徕，开远门，竦予身，逝昆仑……"投向了《气出唱》中的昆仑山、王母台。这不但给曹植的《洛神赋》（以及《游仙诗》《仙人篇》《远游篇》等）提供了灵感之源（图4.14、图4.15），也直接影响了他的另一个儿子曹丕。后者更是在《折杨柳行》中用直白的诗句表达了对神山的向往："西山一何高，高高殊无极。上有两仙僮，不饮亦不食。与我一丸药，光耀有五色。服药四五日，身体生羽翼……"一并捍卫了三曹父子共享的诗名（图4.16）。

那么，再次回到《洛神赋》本身，屡受排挤、险些丢掉性命的曹植，既没有父亲那样真实的"山岛"可以期待，也没有兄长的宽待可以凭借。他唯一渴望的，或许只是那个可以提供永恒安逸的"仙境"。假如这个仙境的玉阙之门真的为他打开，面对西王母委派的资格考察员，自己应该如何表现，才能获得登临的邀约？是赞美洛神，是远远观望，还是不知所措、羞于开口？然而，向往终究是向往，憧憬终究是憧憬，正如洛神并未邀他同乘六龙云车，想象的仙境最终没有显露真容，只能在文字间留下"恨人神之道殊兮"。

图 4.15　西汉晚期羽人器座,陕西西安南玉丰村出土。现藏西安市文物保护考古研究院。

至于《洛神赋图》之所以能成为一般意义上的中国绘画之祖,不仅在于山石、云水、人物,更在于对寻仙与登仙这两者之间的整体呈现。从本质上讲,其叙事框架脱胎

图 4.16 东汉彭山二号石棺二神山图，四川彭山江口乡高家沟崖墓出土。现藏四川省彭山区文物保护管理所。

于两汉墓葬或石祠壁画的立体结构。但从艺术手法上，又发展出新的表现形式。从飞渡云海化为飞渡江海，从游鱼驾车变为六龙御车，而遍植芝树的昆仑也终于从抽象变成了具体（尽管还很稚拙）。虽然后人评价此时的山水图景（图 4.17）"或水不容泛，或人大于山"[1]，但不能否认的是，这就是当时人心中的仙山与仙人。假以时日，这山、这水、这人还将继续其在中国艺术史上的演变之旅。

232 年，也就是写成《洛神赋》十年之后，《洛神赋图》中的主人公曹植在封地去世。这一次，他或许可以真正追随洛神的云车，腾云而去。曹氏父子两代人始终未能在求

---

[1] 张彦远，《历代名画记》。

图 4.17 《洛神赋图》"芝田阳林，丽人岩畔"画面。若将丽人宓妃遮去，就成了一幅如假包换的山水画。此山岩竟成昆仑分身，攀登芝树可达西王母境，而宓妃是其先导。

仙的道路上更进一步（只留下了许多相关文学作品），不过，他们毕竟只代表了这个时代的三分之一强。谁承想，另一位赤壁之战的胜利者（孙权）真的在这条道路上走得更远，也更深入。

第五章 青釉魂瓶与山越故里

费长房与壶公

魏晋的《洛神赋》和《洛神赋图》把仙人与仙境写入歌赋、画入绢帛,而东汉的武梁祠则把神山刻在了墙上,但这两者用起来都不太方便,尤其是对于生活于汉晋之间离乱世道的普通人来说。那么,有没有可能把神山和仙境结合起来?比如,像战国的水陆攻战纹铜壶一样,让人住进一个寄托了所有美好的所在,过上一劳永逸的美妙生活。别说,还真有,东晋人葛洪不仅在《抱朴子》中讲述了昆仑锄草匠蔡诞的逸事,还在另一本《神仙传》里留下了一个有关于"壶"的故事。

从前,有一个名叫费长房的人,是河南汝南一个"市场管理员"。有一天,他的市场里来了一个从没有人见过的卖药老翁,有人来看病时,老翁开完药,还叮嘱病家,服药后吐出某样东西，病就好了。病人服药果然如他所言，药到病除。

老翁的摊位上悬挂了一只壶，晚上集市关门，老翁就跳到壶里，第二天再出来。谁都没看见老翁这样操作，唯独费长房在"办公室"楼上瞧见了。他不动声色，偷偷带着酒肉去拜访老翁。老翁从不推辞，费长房也从不提任何要求，久而久之两人就有了默契。有一天，老翁见他又来，没等他开口，就说让他等天晚时再来。

天黑市场关门，费长房又来找老翁，老翁果然没有食言，拉着他一起跳入壶中。壶里果然另有一番天地，"既入之后，不复见壶，但见楼观五色，重门阁道，见公左右侍者数十人"。这时老翁就对费长房道出实情，说他本来是个天上神仙，因为犯错受罚下界，见费长房如此虔诚，所以与他见面。招待完毕，老翁还特别叮嘱他千万不要把秘密告诉旁人。费长房照着做了，果然没有泄露。

后来有一天，老翁忽然来到"办公室"找他，说他带了点酒放在楼下，可以拿上来共饮。费长房派人下去取酒，却说酒坛沉重搬不上来，又派了十个人下去，还是搬不上来。结果老翁笑笑，自己下去取酒，只用了一根手指就拎上来了。这坛酒看着不大，也就一升左右，可两人从早喝到晚，一整天都似喝不完、倒不尽的样子。

喝完酒，老翁又说，他谪期已满，现在要回天上去了，问费长房愿不愿随他去学道。费长房想着如何瞒过家人，老翁便用一截青竹变成他的模样，让其假装他回家病故，而费长房本人则跟着老翁入山学法。费长房不惧深山群虎，也不怕群蛇悬石，接连通过两次考验，眼看就要圆满过关，但看到第三关中污秽腥臭的粪虫，难以下咽，只能提前结束修行，与老翁作别。

临行前，老翁赠他一根竹杖，骑上能缩地千里，片刻就到；再给他一道可以拘役鬼神的灵符。靠着这两件法宝，费长房成了历史上著名的方士。

这个传说最早就出现在葛洪的《神仙传·壶公》中，老翁就叫壶公，他和费长房一同构成这则故事的双主角，留下"悬壶济世"这个成语，并成为中医向往的最高境界。比葛洪稍晚的南朝宋人范晔又将故事稍作缩编，收入《后汉书·方术列传》里，这才把本来无朝无代的费长房安到了东汉。

神奇的魂瓶

葛洪是东晋人，他不但对神山有研究，还对神壶很有研究（甚至在枕头方面也颇有建树，这点我们第九章再谈）。

壶公的神壶过于奇妙，不但可以纵身跳入，而且内藏"楼观五色，重门阁道"，住着几十个侍者，其中的物理结构恐怕在三维空间中也无法实现。不过，汉晋时期江南涌现的一类器物却在最大程度上实现了神壶的功能。

这种器物按照客观的材质，可以笼统称作"青釉堆塑罐"，也可以按造型称作"谷仓（罐）"，或者依其用途称作"神亭壶""魂瓶"等，魂瓶是其中最常见的一个名称。古人一般按照盛器口沿、颈、腹、底座的大小和长短划分壶、瓶、瓮、坛、罐等，但到具体器皿时，颈长一分便是瓶，短一分就成壶，也就没有那么严格。魂瓶基本出于墓葬，始于西汉，三国（吴）与两晋所造最精，主要流行于江南地区，这一传统到唐宋以后一直都有延续。

多年来，各地出土的三国两晋时期魂瓶一共四十多件。其中公认较有代表性的一件，是20世纪70年代镇江金坛出土的越窑青釉堆塑罐（图5.1）。这件魂瓶以其上部的九层庑殿式楼台及众多人物、动物而闻名。它由器身和器盖两部分组成，器身下部为常见的坛罐形状，腹部塑贴有老虎、狮子、羊、人骑异兽和蜥蜴图案。器身上部为盘状，最中间有一座三层楼台（九层楼台的最下三层），四角各有一座阙楼，楼台的前、后门都有平台和勾栏。

图 5.1 三国吴天玺元年越窑青釉堆塑罐,江苏省金坛县白塔公社天玺元年墓出土。现藏镇江博物馆。

图 5.2　三国吴天玺元年越窑青釉堆塑罐（局部）。

　　楼台底层前门正中，立有一人骑狮形辟邪，边上的勾栏内有二人对立，人手各持一杖。后门空着无人站立，但边上的勾栏内有二人对立。楼台左右两侧庑廊之下，堆塑有侍俑数人拱手侍立，侍者之前有舞乐百戏人物俑，人物造型多样，或倒立，或弹琴，或弄丸，一共二十二人。杂技俑前还塑有人骑狮形辟邪、虎、羊、犬等动物立体造型。楼台二层的屋檐四角，各塑有一只小罐，一共四只。楼台第三层为可以开启的大罐口，屋檐四角各有一只手捧寿桃的猴子。器身上部基本就是这样（图5.2）。

大罐口之上则为器盖，造型为六层楼台，与下面三层相加，一共为九层。第四层和第八层楼台四角上还各塑四座阙楼。第五、六、七层则没有阙楼，但屋檐下开有窗户，外有围栏，形似走廊，可让屋中人凭栏远眺。魂瓶第九层为庑殿式屋顶，被第八层立起的阙楼环绕，如在云中。

总体来看，这件青釉魂瓶集巍峨殿宇、仙人神兽于一体，展现了古人极为丰富的想象力和创造力。当然，作为三国两晋魂瓶的代表，还有一些不足之处。比如，今天出土的这一时期的魂瓶在楼阙上面一般还要塑造一些翔集的飞鸟，以衬出观楼的高耸。在器腹部位，除了蜥蜴，还多有鱼、鳖、螃蟹之类水族，以展现波涛环绕。而楼上人物的服饰容貌，也常在胡越之间摇摆。

所以，如果我们只是将注意力集中在楼宇的壮观、百戏的丰富、人物造型的奇特，或许就将错过另一些精彩，因为这显然只包括了魂瓶的二分之一。正如观者眼中的海上冰山（一角），除了水面以上的部分外，又怎能忽略水面之下的冰山本身。

越地深山有高楼

三国时代，汉分三家，各占一角。曹魏占据北方，虽然地域最广，但人手依旧有限，不得已走向了碣石之外。只是新邀的名骑外援效果并不显著，不仅戳破了瑰丽的"山岛"仙境，还给未来留下了鲜卑诸族问题。蜀汉控制了天府之国，诸葛丞相"北伐"出征前都不忘到"南中"邀请赉叟、青羌等族同行，但他北上关中的雄心壮志，最终败给了这种理想与现实的南辕北辙。而在三家之中，唯有东吴，真正实现了统治区域和人口的增长，并找到了"真的"仙境。

吴国所在的长江下游地区，核心区域最初只有以苏州为中心的吴郡和以绍兴为中心的会稽郡，而且实控范围还只是这两地的平原地带。如何开发区区吴越之地的潜力，改善人力、物力不足的状况，以应对三国局势变化，就成了历代吴国君臣心中的首要任务。从孙权掌权初期开始，吴国就不断以苏南、浙北为核心，向西、向南不断开拓，因为在钱塘江上游的新安江、衢江流域（黄山、九华山以及武夷山区）还有相当数量的山区原住民——山越——分布生息。

孙权在位的二十多年间，不止一次派遣陆逊、贺齐、诸葛恪等将领,前往皖南、浙南、赣东北山区开拓,将山越驱逐出山,成为国家直接管控下的民户人口。正是凭借着这种俘山越"强者为兵,嬴者补户"的政策,使吴国加强了与魏、蜀分庭抗礼的能力。受此策略的成功鼓舞,孙权还派人从会稽入东海,探索了传说中的夷洲及亶洲。这一次,吴国探险者真的不辱使命,完成了汉武帝当年未完成的夙愿——在派遣万名甲士出海后,带回了数千夷洲居民。

显然,向南方的探索给吴国带来了经济和军事以外更丰富的文化体验。比如,曾经深入浙南的吴国将领沈莹,留下了一本写实风格的《临海水土志》。书中描绘了南方深处的居民们过着一种类似古代仙人一样的生活。他们不但"架立屋舍于栈格上,似楼状",而且在家人去世后,会把遗体装入木棺,"仍悬着高山岩石之间"。更重要的是,这些南方居民有的住在深山,四面山险阻隔;还有的住在遥远的海岛,四周被海水环绕。宛如当年淮南王刘安所言:"(越地)限以高山,人迹所绝,车道不通,天地所以隔外内也。"

四个世纪之前,当汉武帝征服东越、南越后,手下的方士们不但马上推动了越风大流行,而且将"仙人好楼居"的理念深深注入了中国古人的审美基因。而现在,不断南征的吴国探险者所面对的，可是真正居住在层层木栈竹楼（或许也可以称作"干栏"式建筑）上、连绵不绝的山中/海岛居民。

正如"悬着高山岩石之间"木棺中的骸骨，启发了悠悠千载的"地仙"想象，那些广泛分布于会稽、临海、东阳、建安、丹阳和新都诸郡中，居住在高耸木楼之上的山民，也将用亲近自然的生活方式，为吴国的新旧居民提供更多的创造灵感。

陶楼与五联罐

北方新到的移民，加上吴会之南的山越，共同构成了吴国的人口和文化格局，也让两种同源的精神观念汇聚于此，结合成一种全新的艺术形式。

四个世纪前，随着"仙人好楼居"观念的深入人心，中原大地上兴起了在墓室中随葬陶楼的潮流。一时间，陶质施釉或加彩绘的仓楼（图5.3）、仓房、楼院、台榭（图5.4）、戏楼、望楼、楼阙以及院落，在两汉（尤其是东汉）墓葬中频频出现，成为一种普遍的现象。不论这些器物是以生活院落（配以日常情景）、斗拱仓楼（配以乐舞场景）、临水台榭（多作仙人六博），还是百戏彩楼，辅以伎乐吹奏、

图 5.3　东汉绿釉陶楼,河南灵宝张湾二号墓出土。现藏河南博物院。

飞鸟翔集的形象出现,其实都传达了相同的内涵——让离世的人们前往一处衣食无忧、无穷享乐的妙境之中。

这种源自南方的朦胧形象,在数百年中不断演变,有时它成了民间传说中昆仑山上被"青龙、白虎、长蛇、巨蜂环绕"的巨大城门和城楼,有时变成武梁祠石刻上为勇

图 5.4　东汉绿釉陶水亭，陕西省西安出土。现藏中国国家博物馆。

武祠主专备的楼阁，有时又变成多层陶楼的模样。但美中不足的是，这些楼阙始终缺少了一股"仙气"。直到东吴南建，终于将这种想象带回到了它位于南国的原初之壤。

因此，从这些越窑青釉堆塑罐上，我们既看到了一种全新的陶楼，也看到了高楼与地基之间有机而天然的联系。

几乎所有的魂瓶都可以按坛状器腹和上部楼台分为上、下两个部分，也可以器盖和器身划分，楼台第三层以下为器身，以上为盖。除了第三层可以作为一个开启的大罐口外，边上四角还各塑有一只小罐，加上大罐口一共五个。这种五罐造型（图5.5），可以追溯到更早期（东汉中后期）开始流行于浙北会稽地区的五联罐（或五罐瓶）。①

五联罐更早的原型已经难以考究，但研究者都倾向把它与《列子·汤问》中的"五山"信仰联系起来。这五山也就是传说中吸引秦皇、汉武不断搜求的岱舆、员峤、方壶、瀛洲、蓬莱五座（由"巨龟"驮着的）海上神山。后人出于一种结构美学的需要，又把后面的三山称为方壶、瀛壶和蓬壶，并作《宝瓮铭》记之，说它们"形如壶器……上广、中狭、下方，皆如工制"②。五联罐象征着五座神山，当然，把它们理解成五岳也没什么不妥。

这种五联罐造型非常朴素，本身并没有楼台装饰。最初的形象只有水族以象江海、飞鸟以象高山，中间立着人或动物，表现一种贴近自然的情景（图5.6）。而与北人南迁和山越北迁相应的，便是五联罐上新增的层层高楼。

---

① 仝涛，《五联罐和魂瓶的形态学分析》，《考古与文物》，2004年第2期。
② [前秦] 王嘉撰，[南朝梁] 萧绮录，《拾遗记》（卷一）。

图 5.5　东汉青瓷五联罐，浙江省鄞县沙河出土。现藏宁波博物馆。

坛状器腹上的贴塑水族和游鱼，用来代表环绕海上神山的波涛。老虎、狮子乃是守卫仙山的重要门卫，只有骑着辟邪异兽的仙人才能真正登临此地。楼台底层的侍者与百戏，则是招待贵客的使者与演职人员。而等待入住的高楼，既被塑造于魂瓶器身之上（图 5.7），也隐藏在山越曾

图 5.6　东晋青瓷五联罐，福建闽侯出土。现藏福建博物院。

经栖息的浙南、皖南、夷洲深山之中。那些被当作仓楼、台榭、戏楼等的仙人之楼，终于飞回到它们本来所在的高山之上。

在许多魂瓶上，仙人们有时会扮作胡人模样（图 5.8）。其实，原本在中原文化观念中，作胡人和越人装扮的形象都代表仙人。但因北人南迁，进入越地高山——这里本就是汉晋神仙观念的发源之地——使得来自西域的胡人装束因其异域性而被强化，而越地元素则以"干栏"式楼居保留。因此形成了胡（仙）人独登高楼的奇异景象（见第十二章，"回回进宝"）。

壶天世界

从壶公神壶到青釉魂瓶，古人心中可享永年的壶天世

图 5.7　三国青瓷谷仓罐，江苏省金坛县唐王公社出土。现藏镇江博物馆。

图 5.8　三国青瓷谷仓罐（背面）。

界到底是怎样一幅光景？到底有没有人可以真的进入"壶"中体验一番？其实还是有的。因为中国的古人们不仅通过魂瓶提供了一个外观形象的微缩模型，还借助另一种独特形式创造了一种由内而外的壶中乾坤。

从秦汉到魏晋时（一直持续到宋代）中国北方都流行着一种覆斗式墓室结构。覆斗，就是翻过来的"漏斗"，同时也像下宽上窄的山形构造。现成的一个例子，就来自甘肃酒泉丁家闸五号（东晋）十六国墓的墓室。该墓室前室的四壁就合围成了这样一个如同覆斗的密闭结构，抬头仰望，宛如置身于一件壶状器的内壁（图 5.9、图 5.10）。

墓室最上方的莲花形藻井仿佛器盖。下面一圈既像山顶，又像壶、罐的脖颈，分别绘有：（东）红日之下端坐若木之上的东王公；（南）羽人、白鹿；（西）明月之下端坐若木之上的西王母；（北）腾空的飞马（图 5.11）。

在这些山顶景致的下方，是介于纹样化与写实画法之间的起伏山峦和树木——那些介于灵芝与草木之间的异树，似乎受到了同时代的《洛神赋图》中山岩芝树的启发——其间还点缀以似牛似羊、似鳄似蜥的异兽。再下一圈，相当于壶、罐的胸腹部位，则是一派耕种、丰收场景。而墓主人的身影则独位于西王母所在的西壁，一边享受着侍者的服务，一边观赏乐伎歌舞、百戏杂耍，怡然自得。次下

图 5.9 甘肃酒泉丁家闸五号（东晋）十六国墓壁画示意图（一），甘肃省酒泉市果园乡丁家闸五号墓出土。原址保存。

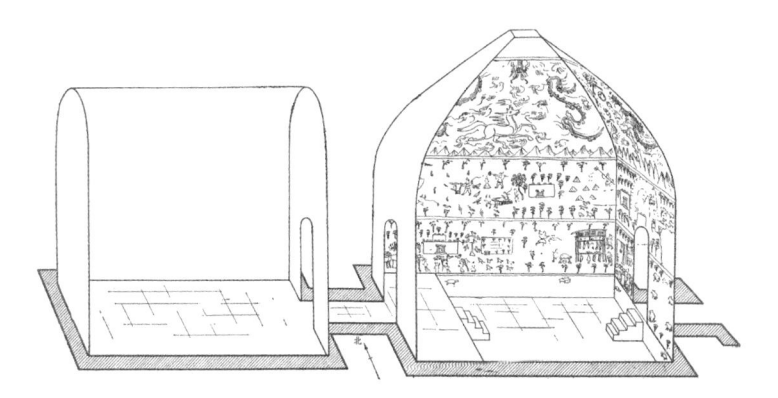

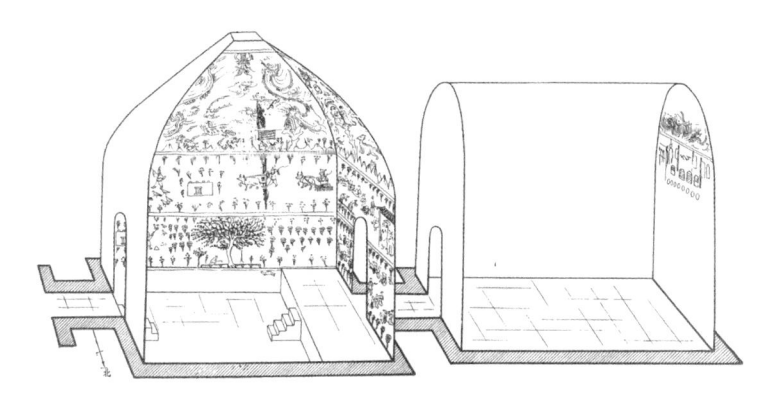

图 5.10 甘肃酒泉丁家闸五号（东晋）十六国墓壁画示意图（二）。

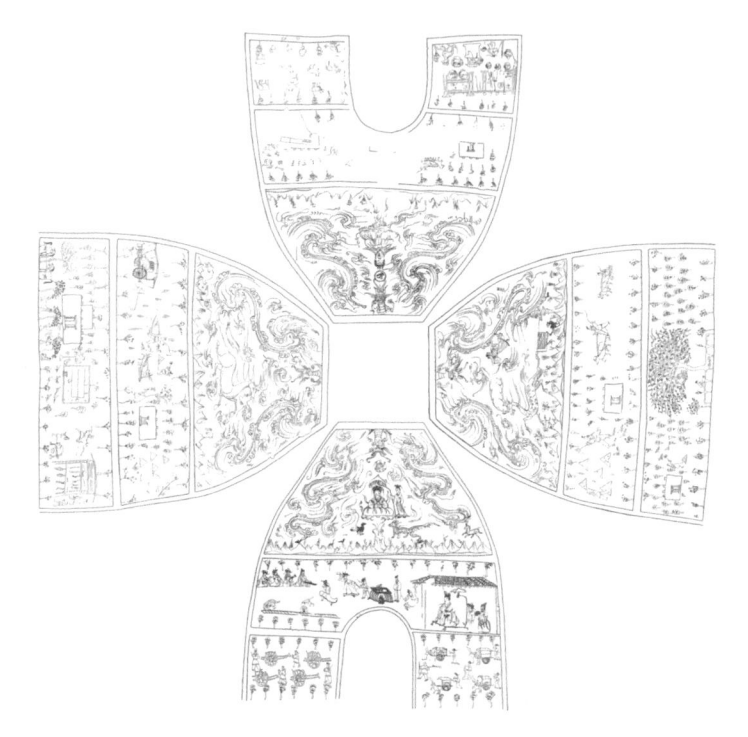

图 5.11 甘肃酒泉丁家闸五号（东晋）十六国墓壁画展开图。

一圈相当于壶、罐的足部，四壁分别画有成群的牲畜和成垛的粮草，由不倦的粮车、货车送来坞堡之中，让主人家的仓廪充实，享受太仓／天厨贻食的款待，有机会攀上登天的神树。而最下一圈绘着乌龟、陶壶或房屋，更是透露出壶形神山的蛛丝马迹。

结合上一章武梁祠山墙石刻，以及水陆攻战纹铜壶（豆或尊）上所看到的景象，我们有理由相信，对于丁家闸五号墓的墓主人来说，他真的让自己一跃而入，并永久性地生活在一个人造的神壶之中。（我的前作《博物馆里的极简中国史》第四章中讲的和林格尔汉墓的墓室壁画其实也是一例。）对他来说，这个"方壶"之中真的大有乾坤，而且真的是"方"的。

那么就让我们借助这位墓主的视角，看看费长房在壶公神壶中都能看到些什么美景。首先，对于普通人而言，他既不需要进入古代武士的行列，也不需要跻身儒家圣人的万神殿，只要有用不完的钱粮、食不尽的牛羊、饮不竭的美酒即可。其次，还有"楼观五色，重门阁道……左右侍者数十人"，能为他提供五光十色、永不重样的娱乐。最后，迎接他的将是虎、豹、龙、蛇之类的天界守门者，如果挑战成功，将有机会升入壶天最高层的位置，在那里接受西王母的宴请和款待。不过,对于他这一介凡夫俗子来说，还是放弃这艰难的挑战，把机会留给更有缘分之人吧。毕竟做一个不用登顶的楼居仙人，或者"地仙"之流，已经可以满足他这个平凡世人的所有物质和精神需求了。

不论身居塞外还是江南，不论数世显宦还是富贵乡绅，每一个中国古人心中永恒的安乐之所都跳不出这方壶世界。或许，这就是中国人为一个民族共同体的共有的文化基因。

古典时代的"虚拟现实"技术

　　从东汉后期,经历三国、两晋、南北朝,直到隋唐帝国的数百年中,黄河流域的人们饱受战乱纷扰,哪怕有生之年难觅安逸,也想在彼世求一个能永脱苦海的逍遥所在。古老的壶天世界应时涌现,在生发出新的功能和启动方式的同时,还在"虚拟现实"方面推动了古代艺术的发展。

　　随着"楼居仙人"模式的普及,古人用丰裕、富庶的魂瓶高楼生活替代了蔡诞式的昆仑苦修之旅,也扩充了古代"器用陶匏,以象天地"的物质外延。得空时观看歌舞百戏,闲暇时效仿仙人六博,需要时有人伺候,腹空时仓廪充实,接受"太仓 / 天厨贻食"的款待。尽享此间安乐,永不饥饿。

　　然而,丰满的理想敌不过现实的骨感,彼世的安乐乡难以抚平此世的奔波苦。曹魏与蜀汉的君主都没有在现世中找到可以安栖的神仙居——因为他们把"神仙"赶下高山的同时,也彻底打破了碣石与仙岛神话的联系。而当中原苦寻真形的"费长房"们纷纷被吴国吸引,来到了被丹阳郡、会稽郡南部群山包围的江南,遇到那些真正生活在栈阁木楼上的山地居民时,或许会为眼前隐现在那飞瀑、云海中的楼宇所感动。这里是通往夷洲、亶洲的入海之路,也可能是瀛洲、方壶仙人曾经登临的秘境神山。

接着,自然而然地,兼具古老"海上五神山"原型和"仙人好楼居"特征的青瓷魂瓶便在江南的土地上被塑造了出来。除了水波纹外,器腹上大量的水族生物也象征着环绕器身下方的滔滔海水。骑着辟邪神兽或天马,是唯一可以抵达神山的交通方式(长舟和渡桥则存在于另一些器物版本中)。为登临者所准备的,是无数的娱乐、无尽的飨宴。而那些经常被塑造在阙楼、檐角上的飞鸟,则表示此楼位于凡人难以飞渡的极高山巅,唯飞鸟(灵魂)可以抵达。而这就是魂瓶表面所造形象的全部寓意。

除了器面展示的外部形貌,魂瓶所具有的内景,则如覆斗式墓室中的壶天世界一样,别有洞天。壶中不但阡陌纵横,屋舍俨然,更有良田、美池、桑竹之属,高处还有神灵俯瞰。可以说,陶渊明的《桃花源记》就是这一壶天空间的文字版本。这种似壶又似洞的景观,使得"洞天"一词成为一种真实存在的拓扑空间,并将给人们带来更多现实体验——开启一个林泉天然的世界,激发人们入山寻找广义的洞天。

最后,正如壶公对费长房所进行的试炼那样,只有经受住考验的挑战者才能得到壶中世界的认可,获得一根作为凭证的竹杖,找到那条通幽的曲径——从这个角度看,汉武帝未央宫中鎏金银竹节铜熏炉上，作为长柄的竹枝似乎也大有深意。而且等待那些未来的幸运者的，将不是一根普通的竹枝，而是一整片"竹林"。

第六章

竹林七贤砖画与灵仙窟

"竹林七贤",传奇还是传说

魏晋之间是风云诡谲的时代。传说有一群思想追求玄境、言行超脱世俗的人时常聚集于魏国的山阳(今河南焦作一带),他们在竹林中饮酒、纵歌,肆意酣畅,成为这个时代一个重要的精神符号。这群人中最为后人所熟知的共有七人,分别是陈留阮籍(嗣宗)、谯国嵇康(叔夜)、河内山涛(巨源)、沛国刘伶(伯伦)、陈留阮咸(仲容)、河内向秀(子期)、琅邪王戎(濬冲),近两千年来,他们享有"竹林七贤"的美名。

有关"竹林七贤"的事迹,大部分收录在南朝人刘义庆的《世说新语》中。比如刘伶醉酒,他嗜酒如命,情愿弃官也不会释杯,号称"(醉)死便掘地以埋"。又如阮籍,同样以好酒闻名,他曾主动应聘步兵校尉一职,理由竟然是有机会成为"贮酒数百斛"的管理者。而且,为了避免与如日中天的司马昭一族结亲,他更是连续大醉六十天。至于七贤事实上的首领嵇康,虽然在饮酒方面有所不及,但在文学与音乐方面冠绝诸人。他最终因不合司马昭篡魏,被杀于洛阳东市。临刑之际,他慷慨演奏一曲《广陵散》,告别为他求情、送行的三千太学生,成为千古绝唱。

随着262年嵇康的身故,延续了十五年的七贤游宴聚会正式落幕。虽然古代文献有关"竹林七贤"的集体事迹仅有"常集于竹林之下,肆意酣畅"等寥寥数语,但七贤的传说却并没有因此消散,反而经受住了时间的考验,成为一个流传千年的传奇——七位富有气节的,具备文学、音乐修养的名士,隐居在山阳的竹林中,以酗酒佯狂的方式,避免为篡权的司马氏政权服务,成为时代风骨的象征。时间进入20世纪,这个传奇却迎来现代学者的挑战。

比如,陈寅恪先生提出,"竹林"可能并非实际自然景观,而源自佛家"竹林精舍"的寓意;"七贤"的数量本身也非实数,而附会《论语·宪问》中"作者(贤者)七人矣"。此后,更多研究者进一步发掘、证明:七贤活动频繁的魏晋时代,既没有人自我标榜,也没有旁人以此名号称呼他们。事实上,是东晋名士孙盛(王导的支持者)、谢安等人"创造"了"竹林七贤"的名称。① 因为王、谢等东晋初期的重臣或推崇"清谈"或标榜名士,以此作为自己进入政治中枢的重要标签。而作为前辈的"竹林七贤"——王导是王戎家族的后辈,谢安长期与王羲之等人隐居会稽——便成为时人竞相追捧的行为标杆、精神指引,并被塑造为中国古代文人追慕的终极偶像。

然而,这就是全部的答案了吗?依据东晋袁宏《名士传》的记载,魏晋时代除了"竹林七贤"外,还有"正始名士"(三人)②、"中朝名士"(八人)③ 等其他"名士"团体为世人所推崇,更早一些则有"建安七子"名噪当时。他们在"清谈"、文学方面的成就,以及组合的人数上,与"竹林七贤"不相上下,甚至更高;若论家族联系,"中朝名士"中的王衍与王导,比王戎更近。那么七贤又是如何凭借"集于竹林之下,肆意酣畅"这有限的团体成就,成为一时之选,这才是问题的关键所在。

为了寻找更多的线索,我们需要进入历史时空,回到那个南朝宋人刘义庆编写《世说新语》的年代,看看当时人眼中的"竹林七贤"到底是什么模样。

---

① 王晓毅,《竹林七贤考》,《历史研究》,2001 年第 5 期。
② 夏侯玄、何晏、王弼为正始名士。
③ 裴楷、乐广、王衍、庾敳、王承、阮瞻、卫玠、谢鲲为中朝名士。

砖画拼接的真相

不论我们是否同意，东晋名士孙盛、王导、谢安等人才是"竹林七贤"的真正塑造者，种种迹象都证明，七贤这一组合的确在以东晋为始的南朝获得了巨大的成功。七贤的事迹不但因为各种小说而广为流传，而且他们的个人形象也被人们屡屡摹刻。

南京西南郊的西善桥附近，有一座名为宫山的小山，20世纪60年代，就在这座小山上，考古工作者发掘出一座南朝大墓，后根据出土器物信息及文献记载，判断为（南朝）宋孝武帝刘骏景宁陵。这座墓葬形制规格极高，但从发掘情况看，应该经历过多次盗掘，高规格的随葬品一样不存，只留下一些残破的瓷器、陶俑，以及著名的《竹林七贤与荣启期砖画》。

这套砖画位于墓室棺床两侧左右壁的中部，正因为嵌入内壁而得以保存至今。这七贤与古仙人荣启期凑作双数，分列两壁。右壁自外而内分别是嵇康、阮籍、山涛和王戎；左壁自外而内分别是向秀、刘伶、阮咸和荣启期，神态、动作各具特色，让人一目了然（图6.1、图6.2）。

图 6.1　东晋《竹林七贤与荣启期砖画》及拓片（之一），南京市西善桥东晋墓出土。现藏南京博物院。

"嵇康头梳双髻，目送秋鸿，手弹五弦。阮籍头戴帻，口作长啸状，一手支皮褥，一手置膝上。山涛头裹巾，身前置一瓢尊，一手挽袖，一手执杯欲饮。王戎斜身靠几，手弄一玉如意。向秀头戴帻，一肩袒露，闭目沉思。刘伶双目凝视手中酒杯，另一手蘸酒品尝。阮咸垂带飘于脑后，挽袖持拨，弹一四弦乐器。荣启期披发、长须，腰系绳索，

图 6.2　东晋《竹林七贤与荣启期砖画》及拓片（之二）。

凝思而弹五弦琴。以上八人皆席地而坐，相互间以银杏、松树、槐树、垂柳等树木间隔，每个人物身旁均有榜题标明身份，是一组既各自独立又和谐统一的大型画像砖组画。"①

或手弹五弦，或口作长啸状，或执杯欲饮，或凝酒自醉，

---

① 王明发，《画像砖〈竹林七贤与荣启期〉》，《江苏地方志》，2001 年第 5 期。

这就是"竹林七贤"在(南朝)宋人心中的形象,值得注意的是,记载七贤故事最多的《世说新语》也是出自刘宋宗室之手。西善桥宫山墓葬中的这些砖画,为我们保留了"竹林七贤"那些风度翩翩、桀骜不驯的标志性场景和神韵,堪称国之瑰宝。这些砖画保存完好,确实体现了南朝人士尊贤不谬,但无法进一步解释七贤进入帝王陵墓,与之相伴千年的原因。直到不久之后,另一座大墓的开启。

就在西善桥南朝大墓发掘几年之后,江苏丹阳的胡桥、建山等地又陆续发现了数座南朝帝王陵墓。陵墓内不但出土了类似的《竹林七贤与荣启期砖画》,而且展现出了一种更宏大的排场。其中以江苏丹阳胡桥南朝大墓在形制上与西善桥墓最为相近。

通过复原该墓的壁画位置可见:甬道两壁自外而内,先为"狮子",后为"武士"(已缺),各为两幅;墓室两壁自外而内,上部均为"飞天",亦各两幅(已缺),中部西壁为"羽人戏虎"和半幅"竹林七贤"(已缺),东壁为"羽人戏龙"(已缺)和半幅"竹林七贤"(大部缺),下部均为"仪仗出行"的壁画,各为四幅。[①]

原来,在竹林七贤砖画上下各有空间,最下方的车骑,

---

① 南京博物院,《江苏丹阳胡桥南朝大墓及砖刻壁画》,《文物》,1974年第2期。

荷戟骑士开道，中间龙虎守门，才能进入群贤的世界，而最上方的飞天正开天门以待。除了没有玄圃上的西王母，一切都似曾相识。

是地仙还是尸解仙？

西晋之末，中原板荡，经历"八王之乱"后，司马睿在王导支持下移镇建邺（今南京），并在西晋灭亡后，成为东晋的建立者。此后，开启了北方人群大量南渡的全新潮流。

建邺过去是东吴的都城，其南部的丹阳、会稽、新安等地，曾为吴国提供了十多万山越人口，还为想象中的壶天世界创造了一个物质的版本。而那些因山越外迁而空置的山中家园，现在迎来了许多新的居民。如《晋书·谢安传》所记，谢安、王羲之等北方士人迁入会稽郡后，广置地产田园，前者"于土山营墅，楼馆林竹甚盛"（图 6.3），后者更是留下了著名的兰亭园林（图 6.6）。

世家大族占据了宁绍平原肥沃的田园，而更多普通农人、樵夫只能向更南方的山区探险。他们在那里却不经意地发现了重要的山越遗产。有时，进入黄山深处的农人会在隐秘的山峰间发现"楼台焕然，楼前有莲池，左右有盐

图 6.3　宋燕文贵《溪山楼观图》。现藏台北故宫博物院。

积米积",却寻不见人,下山之后又往往"闻峰上有仙乐之声",而只能将此归为"灵仙之窟宅也"①;有时,进入绍兴南部剡县的猎人,会在穿过山中悬崖后,发现隐藏在瀑布后面的小屋和少女;有时,前往赣江流域的旅行者,会在山顶发现前人栽种的果树林场;还有时,来自金华的伐木者,会在附近的山中遇到下棋的老者,然后忘记了归途。这些来自《搜神后记》《搜神记》《述异记》的奇幻故事,无疑讲述了同一个主题:北方移民在山林中遇到了一个似乎曾经存在许久,而今只留下蛛丝马迹的"前辈"文明(参图6.4)。

在南下士族当中,有一个探险者走得最远,也对后世产生了最深远的影响。此人就是东晋道教理论家葛洪。如果说其他人只是被古已有之、宛若天生的梯田、果林、木屋、楼馆遗迹所吸引,而形成了朴素的"前辈"认知,葛洪则从古代越人的遗迹中归纳出著名的仙界三阶层理论:上士举形升虚,谓之天仙;中士游于名山,谓之地仙;下士先死后蜕,谓之尸解仙。②

葛洪不但为神仙划分三级(天、地、尸解),给出了对

---

① 《太平御览・地部・卷十一》。
② 《抱朴子・论仙》。

图 6.4　宋燕文贵《三仙授简图》。现藏台北故宫博物院。

应的修炼方式，而且开创性地提出了尸解仙的概念。毫无疑问，他的灵感就来自广泛散布于会稽、临海、豫章、建安诸郡中的悬棺古迹。据《临海水土志》及当代考古可知，悬棺葬是长江流域古越人的葬俗，古越人往往在鸟兽难登的临渊峡壁上，开凿支栈，凌空架棺，任遗体自然风化。若干世代后，如有好事者开棺，或不见尸，只留遗物，或遗存宛若蝉蜕，见风即化。距葛洪时代不远的松江人顾野王就因武夷山"半岩有悬棺数千"，而称之为"地仙之宅"。①未解的古代葬俗，非但没有难倒深入浙、赣、闽、越的探险者，反而为葛洪的神仙理论提供了最为重要的灵感之源。

虽然顾野王将悬棺中的遗骸称为"地仙"，合并了葛洪尸解仙与地仙的概念，但他已经准确指出了两者之间的联系。被当作"尸解仙"的越人悬棺遗骨，是资质较低的仙界成员（下士）。如果能在有生之年隐居于山中，也可以理解成游山玩水，则是中级仙人（中士）的表现。人们虽然无法抵达"天仙"的境界，但享乐与声望两不误的"地仙"不正是每个普通人的人生理想吗？在这一点上，葛洪与魏晋名士们一拍即合。

修仙理论的革命

几个世纪之前，淮南王刘安给汉武帝献上了一本《淮南子》，其中隐秘的昆仑仙境，让历代君王在几百年里陷入

---

①《太平御览·地部·卷十二》。

了苦苦的寻觅。汉武帝远赴西域，找到了天马，命名了昆仑，登上了泰山，却等不到天门开启的那一刻。曹操远赴碣石之外，只把六龙和云车留给了儿子的《洛神赋》。孙权倒是选对了方向，可他眼中的夷洲和亶洲，除了生番别无特产。

　　这些寻仙者之所以毫无收获，是因为他们没有意识到，刘安所在的淮南国与江南越地毗邻，正是那些"限以高山，人迹所绝，车道不通，天地所以隔外内也"的越人王国，赋予了《淮南子》浓重的神秘色彩。汉武帝们巡遍中原四周而一无所获时，那种明明就在眼前却终不得入的感觉，让他们百思不得其解。而当司马睿与琅邪王氏结伴辟居江

图 6.5　元钱选《山居图》。现藏北京故宫博物院。请留意其中山（树）、水、桥的组合特征。

南之际，竟然在不经意间走入了前人梦寐以求的桃花源。

会稽以南山区中"尸解仙""地仙之宅"的存在，不但为修仙理论提供了某种现实的依据，也为修行者提供了足够的信心——只要效仿这些古代仙人的修炼方式，就有可能加入地仙的行列。而最直接的方式，就是与这些住在高山中的前辈比邻而居，《抱朴子》也因此将其总结为"道士山居，栖岩庇岫"（修道者需要生活在山中，以岩岫为栖身之所）。

为了充分贯彻"道士山居"的理念，东晋及其南朝继承者便开始了从理论到实际的全方位实践。第一，以谢安

图 6.6　明仇英《兰亭图》扇面。现藏北京故宫博物院。请留意其中山、水、桥、石和"干栏"建筑的组合特征。

后人谢灵运的《山居赋》为代表,全面创建了山居的概念,"栋宇居山曰山居",为中国艺术贡献了最为重要的主题之一(图6.5、图6.6)。第二,无论是王羲之的兰亭园林,还是谢玄、谢灵运祖孙的始宁别墅,掌握南朝命脉的王、谢家族都纷纷选择将自己的山居基地建立在了距离"地仙"不远的会稽郡腹地。第三,鉴于"山居"是一种最近涌现的新潮理论,那些悬棺中长眠的无名"地仙""尸解仙"前辈又很难提供更有说服力的背书,山居运动的实践者们需要一些既不太近也不太远的精神领袖。而在可能选择的前辈偶像中——"竹林七贤""正始名士""中朝名士""建安七子"——最具浪漫主义的嵇康及其竹林伙伴,便以其与自然之间的紧密联系，成为山居运动的旗手和代言人。

现在回看西善桥宫山南朝大墓中的《竹林七贤与荣启期砖画》，山涛身前的瓢尊，配上七贤豪饮的名声，一同将他们送入了"地仙"的山林（竹林）。从中可见，魏晋之人已无须"大象与象奴"送来丹鼎和仙药（参见第二章）。酒樽和美酒对应了古老的丹鼎，变为新一代修仙者的捷径，这有助于我们将"酒仙"从后世比喻意义上的纵酒狂徒还原为其原本的字面含义。

从这个角度再品"竹林"的内涵也有不少新意。许多研究者始终对砖画中遍植银杏、松树、槐树、垂柳等树木，唯独不见竹子感到耿耿于怀，甚至不惜论证"竹林"只为一地名，而非真实的植物。还记得上一章中我们讲的"费长房与壶公"故事的结尾，费长房在壶公的帮助下用一根青竹化作自己的形象，让家人以为身故，从此摆脱了尘世的烦恼，优游于大地之间。这种以竹竿替身的法术，其实就是古代传说中公认的"尸解仙"的成仙之道。

那么，这幅《竹林七贤与荣启期砖画》，在凡人肉眼看来真是八位纵酒佯狂的名士，而如果换作孙悟空的火眼金睛看来，早已是八根手舞足蹈、迎风摇曳的青竹竿了，又何须再添竹林呢。

新一代偶像

　　风中凌乱的八根青竹（成精），毕竟只是一句玩笑。不过，当我们将这组砖画还原到其所应有的背景体系中，这种仙凡之间的联系就显得并没有那么离奇了。

　　还记得我们之前讲的丹阳胡桥、建山等地出土的墓室砖画，其下部"仪仗出行"，中部"羽人戏龙、虎""竹林七贤"，上部"飞天"与日月星辰，构成了完整的体系。当我们将墓室中这样上、中、下三段式的画面结构，与上一章提到的酒泉丁家闸五号（东晋）十六国墓壁画，以及第三章武梁祠两壁石刻画进行对比时，就会清晰地发现，这三者之间几乎雷同的画面分割方式。

　　最下方的"仪仗出行"代表了为墓主人送行或迎接入冥的队伍，最上方的"飞天"与日月星辰原本就是西王母的领域，而中间的"竹林七贤"则替换了武氏祠石刻中古代刺客和孔门弟子的位置。这种一一对应关系至少展现了两个有趣的趋势：第一，西王母崇拜在魏晋南北朝初期之后就已经淡出了大众的视野。如第四章所见，取代她的大概是较她神格略低的女神，比如洛神。原因就在于，西王母"显老"，而神格降低也意味着更加年轻，这种趋势在下一章里会显得更为显著。第二，战迹卓著的远古侠士、饱

图 6.7 北齐天保二年崔芬墓室西壁壁画"墓主夫妇出行图",山东省临朐县冶源镇海浮山崔芬墓出土。原址保存。

读诗书的道德榜样相继被请下了万神殿的宝座,这两类偶像分别占据了史前到秦汉、秦汉到魏晋之间这两个时段的万神殿过道。现在,他们的位置已被无所事事、纵酒佯狂,颇具"叛逆精神"的新一代偶像所替代。

这种新趋势出现的原因也很简单,古代侠士的事迹过于悲壮,道德圣贤的调门曲高和寡,饮酒作乐的当代仙人为人们提供了世俗意义上的神仙榜样。因此,当山东临朐北齐崔芬墓的壁画上再次出现"竹林七贤"的形象时,他们正以各自标志性的动作欢迎墓主人夫妇加入他们的行列。只见夫妇两人在三男十三女的簇拥下,缓缓步入林中(图 6.7):

图 6.8　北齐天保二年崔芬墓室西壁壁画全景。"竹林七贤"在"墓主夫妇出行图"左右。

　　左起第三人头裹巾帻，上加漆纱笼冠，身着方心曲领袍服，脚穿笏头履，双臂舒展，广袖飘垂，额下短髭须，神态威严，当为墓主崔芬。男侍和童仆均着巾帻，宽衣大袖，男侍者小心扶掖崔芬，童仆左腋下夹一长方物（当为茵席）。右起第四、七人为贵妇人，头插花钗，身着宽大衣裙，腰系红缨丝带，两臂舒展，广袖飘拂，当为崔芬的夫人。余十一个侍女，皆头梳双丫髻，宽衣大袖，姿态神情各异，随侍于男女主人身侧。[1]

茵席，就是草席，那本是"竹林七贤"饮酒作乐时的坐垫。壁画中的小童既然已经为主人准备了同款茵席，显然是要护送主人在林中获得一个坐席，成为仙界的一分子。虽然身在北朝，这位东魏威烈将军、南讨大行台都军长史崔芬却仍旧选择了当时南朝最为流行的入冥套餐（图6.8），只能说明"地仙"理论的影响正再次由南向北不断扩大，并在不远的将来激发更多的艺术灵感。

不可言说的秘密

书到此处，"竹林七贤"的往事爬梳得也差不多了。4世纪初，失去黄河中上游控制权的西晋皇室司马睿，带着逃亡的北方士族南迁到了东吴旧都——江南的建邺。这是衣冠华族首次大规模定居到了长江以南，江南的山水、风物世界真正暴露在中原士人的面前。

建邺只是南渡的第一站，接着是丹阳、会稽、临海、

---

[1] 山东省文物考古研究所，临朐县博物馆，《山东临朐北齐崔芬壁画墓》，《文物》，2002年第4期。

图 6.9 元黄公望《富春山居图》(剩山、无用师合璧卷)。前段称《剩山图》,现藏浙江省博物馆;后段称《无用师卷》,现藏台北故宫博物院。公望亦为道士,取号大痴道人。

豫章……随着南渡者的脚步不断前行，他们发现了一个越地不可言说的秘密。一方面，这片充满生机的山泽丛林似未开发，又好像处处显露前辈文明留下的痕迹，从无须开垦就能收获的稻田、果园，到江崖峭壁上不知千载百载的落落悬棺，都让人忍不住陷入玄想。另一方面，此地诸般景物又似曾相识，与古书中的描绘俨然相类。几个世纪前刘安《淮南子》中宛如仙界的昆仑幻境，令中原慕道者寻寻觅觅，难得一窥，不期在这越州密菁中露出了一点儿真容。直教人赞叹，"灵仙之窟宅也"。

江南的"仙窟化"，既巧妙化解了前辈文明的解释难题，也使几个世纪来昆仑、蓬莱等仙山的方位争论获得了终极的解决方案。于是，江南深处的山山水水不但贡献了《抱朴子》中"道士山居"的灵光一闪，而且为王羲之、谢灵运们的山居别墅创造了真实的实践空间。最终，诞生出"中士游于名山，谓之地仙"这一中国古代修仙理论与实践结合的巨大成就，并孕育出无数以"山居"为主题的艺术作品（图6.9）。

"游于名山"就能成仙，这是多么划算的一桩买卖。比起悬棺中的"尸解仙"还要经历去世后漫长的生化过程，"地仙"的门槛实在低到令人心动。为了给这套理论寻找一些具有足够说服力的代言人，以王、谢为代表的东晋名门

图 6.10　唐孙位《高逸图》。现藏上海博物馆。

便从距此不远不近的魏晋名士中选择了最为契合的"竹林七贤"（图 6.10）。不仅因为七贤事实上的领袖嵇康以尝游山泽，与隐士孙登、王烈同游的事迹，成为"山居"理论名副其实的预言家和先行者，而且因为"竹林"雅号与"尸解替身"法术之间浑然天成的隐喻巧合。

随着"竹林七贤"与春秋隐士荣启期成功入选昆仑神山，也可以说壶天世界，他们不但出现在南京、丹阳一带的南朝大墓中，也频频现身于刘宋画家陆探微的《竹林像》中，还有南齐东昏侯萧宝卷的玉寿殿的"七贤"壁画上。比起武氏祠山墙上的先辈义士、贤人，他们的事迹更加亲民，也更易于为人效仿。而且，由于时代的贴近，拉近了仙与凡的距离——成仙不必"贤圣及英雄"——使得两个世界之间又重合了一点。正是这种时间和空间上由幻入真的过程，即将让唐代的人们用更富想象力的器物创造出一种更新的魔法。

第七章 唐皇游月宫镜与江南

明皇梦游广寒宫

唐朝开元六年（718年）的八月十五，唐玄宗李隆基正和两个道士申天师和鸿都客一同在宫中赏月。玄宗看着彩楼灯火辉煌，心中非常得意，以为此景世间难见，独一无二，却引来申天师的微笑不语。

看着玄宗心中不解，天师让他闭目片刻，暗自作法。等再睁眼时，三人已浮在云中月亮之上。不一会儿，发现一座大门"在玉光中飞浮，宫殿往来无定"，露出寒气逼人，原来眼前是一座宫殿，门上写着"广寒清虚之府"。只见这座宫殿"玉城崔峨，但闻清香霭郁，下若万里琉璃之田，其间见有仙人、道人乘云驾鹤往来若游戏"。

玄宗心中向往，想要再近一步观看这些仙人的游戏，只觉得宫殿射出翠色冷光，让人感到极为寒冷，不敢靠得太近，只能继续远观。他在高处远远见到有"素娥十余人，皆皓衣乘白鸾，往来舞笑于广陵大桂树之下，又听乐音嘈杂亦甚清丽"。不过，与杨贵妃朝夕相处的玄宗并不为广寒宫中白衣仙女所动，只被这天上的乐曲声深深感动，暗中将曲调牢记在心。

申天师眼见玄宗已经看过了高冷的广寒宫，见识了仙人乘鹤、仙女起舞，便又施展法术。三人顿时感到仿佛脚下生风，宛若从梦中惊起，一睁眼已经回到皇宫之中。就这样结束了天宫一夜游。第二天晚上，玄宗又想去广寒宫里看看，却被天师笑着拒绝。

唐玄宗因为思念难得的上天体验而不可复得，竟是凭着记忆，把天宫素娥翩翩起舞的曲子给默记了下来，取名《霓裳羽衣曲》。据说，后来还专门让杨贵妃在此基础上开发研制，高度还原了广寒宫中的曼妙舞蹈，编成绝世之作《霓裳羽衣舞》。不但将这天上的轻歌曼舞流传人间，还给我们留下了这段奇妙的"唐皇游月宫"故事。

从已知文献看，这桩奇闻在唐代中期已经流传，最早记录在柳宗元的《龙城录》中，因为唐玄宗又名唐明皇，遂取名"明皇梦游广寒宫"。后来，又被《逸史》《集异记》《玄怪录》等多部唐中后期玄怪小说及更远一些的敦煌变文《叶净能诗》收录，其中情节变化不大，只不过施法者在某些版本(《玄怪录》)中变成浙江松阳道士叶法善,而月宫所在地也直接变成了广陵(扬州)。另外,关于《霓裳羽衣曲》的起源,根据更严肃的历史记载,也非月宫而来,其实由凉州进献的西域《婆罗门曲》改编而来。

在之后的宋、元、明、清各代,这段"游月宫"故事还被不断翻新、演绎,其中最著名的莫过于清代剧作家洪昇改编的《长生殿》。在这个最新版本中,清代作家将唐代白居易的《长恨歌》尽情展开:经历"马嵬驿之变"的唐玄宗心念殒命的杨贵妃无法自拔,道士作法,将杨贵妃的幽魂邀到月宫中与玄宗相会。最后两人的真情感动上天,永远相伴于天宫之上。

从唐代到清代,漫漫千年中,唐玄宗这位多才多艺又风流不羁的皇帝,不但集梨园祖师、《霓裳羽衣曲》名义上的发明者于一身,而且亲自下场,以自己的亲身经历为中国古典美学和传统戏曲平添了如此重要的灵感之源。以至于后世的艺术家们尝试用各种艺术形式,在绘画、铜镜、瓷器上不断再现那个高冷月宫中的浪漫君王。那么,这位中国戏曲的鼻祖又是如何与月宫结缘,与广陵大桂树结缘,从热闹的人间来到这座高寒的天上宫阙的呢?我们就从一面名不见经传的"唐皇游月宫"铜镜开始说起。

"唐皇游月宫"铜镜

中国古代留下无数铜镜，年代上，从春秋战国到晚清民国都有出土；形制上，圆镜、方镜、葵花镜、菱花镜，带柄无柄，种类众多；纹饰上，抛开战国"山"字纹镜、汉代西王母镜不说，单论唐代的月宫镜、五岳真形镜、真子飞霜镜，更是不胜枚举。这里提到的每一类在绝对数量上都不少，但留下真容的精品却不多。

本章要讲的"唐皇游月宫"铜镜出土自安徽六安霍山县，定名为"神仙人物纹菱花镜"，其实仔细看这"神仙人物"，描绘的就是"唐皇游月宫"故事（图7.1）。著录中的文物说明这样写道："八瓣菱花形，圆纽。纽右上方半露楼阁、扇形门，门内站立一人，屋瓦、斗拱、梁柱毕肖。纽左上侧饰大树一株，树叶茂密，其下小桥流水，桥上一人站立；桥左一人弯腰拱手作迎客状；桥右楼下三人，其中一人端坐，两侧各一侍者。凸素缘。"[①]

仔细看来，以圆纽为中心，镜背图案可以划分为四个象限。第一象限就是"纽右上方半露楼阁"，其中不仅刻画

[①] 安徽省文物考古研究所，六安市文物局，《六安出土铜镜》，文物出版社，2008年，第233页。

图 7.1 宋"唐皇游月宫"纹菱花镜,安徽六安霍山县南门出土。现藏霍山县文物管理所。

了屋瓦、斗拱、梁柱，还有鸱吻、脊兽、门廊、门钉、台阶都细致入微、一一呈现，因而此楼也可视为宫殿一角。还可以见到一个侍女从门内探出半身，好似开门迎客。这与研究者在墓葬石刻中经常发现的"妇人半启门"形象类似。和宫殿对应的第二象限的大树，乃一株大桂树，但见枝叶繁茂、树冠如盖、层层叠叠，在远处山峦、近处丘岩的衬托下，显得格外突出。

第三象限就是树下丘岩旁的男子，只见他头戴高冠，身穿束带长袍，侧身弯腰拱手作揖，举止十分恭敬。从他在画面中的位置看，好像刚（从画外）来到这个地方，正在向桥上为他引路、迎接的侍女表示感谢。在他的脚下，有一座长长的拱桥，桥下不是普通的潺潺流水，从人物比例看，更像是滔滔江海。正是这座长拱桥，将高冠男子与接引侍女所在的画面与第四象限连接在了一起。在第四象限与第三象限的连接处，也就是桥面中间位置，有一只捣药玉兔，其后为一只蟾蜍，提示观者这里就是云上月宫。而在拱桥的尽头，是一位华服盛装、高髻慈容、端身正坐的贵妇人，和身后两位持扇执幡、高擎华盖的侍女，一同居于丹墀之上。似乎未卜先知，早已在等待图左官人的到来。

这幅镜背后部构图将宫殿、山石、树木、流水有序结合，宛如后世山水画的结构雏形。而前景则通过官人与贵妇的互动，呈现了某种叙事性。虽然不同于柳宗元《龙城录》版本的"明皇梦游广寒宫"，但就画面人物关系而言，该图完整呈现了"唐皇游月宫"故事的全貌。从人间飞升上天的唐玄宗，被月宫中的景色震惊，徘徊于大桂树下。月宫主人早就得知他的到来，派遣侍女前往迎接。玄宗即将踏上长桥，渡过江海涛涛，前往月宫主人那里取得不死灵药。而美轮美奂的"广寒清虚之府"也即将为他打开宫门。

虽然许多文献证明，"唐皇游月宫"故事主题在中唐之后已经出现，但这面铜镜出自北宋中期以后，比故事本身要晚一些。事实上，与该主题有关的文物呈现越晚越频现的迹象，说明"游月宫"故事的受欢迎程度与日俱增。既然已经从文献和图像角度分别展现了"唐皇游月宫"故事的魅力，那么，我们接下来要解开的问题就是：唐皇为什么要游月宫？

君王偏偏爱霓裳

其实，对明月的偏好并不是唐玄宗的专利。588年，还是晋王的杨广率五十万隋军南下伐陈。几个月后，陈后主叔宝降隋，陈朝灭亡，中国结束了近两个世纪以来分裂的局面。而这位陈朝的末代君主，可以算是中国历史上首位有文献明确记载的非虚构的"月宫"体验者。

据唐末作者冯贽《南部烟花记》记载，陈后主曾为宠妃张丽华建造了一座独一无二的"桂宫"。这座宫殿特别设计"作圆门如月，障以水晶"，并装饰得如同广寒宫一样一

图 7.2　保定古莲花池元代园林"昆阆"月洞门，取义昆仑阆苑，正对为一方形太湖石。在小方壶之南。

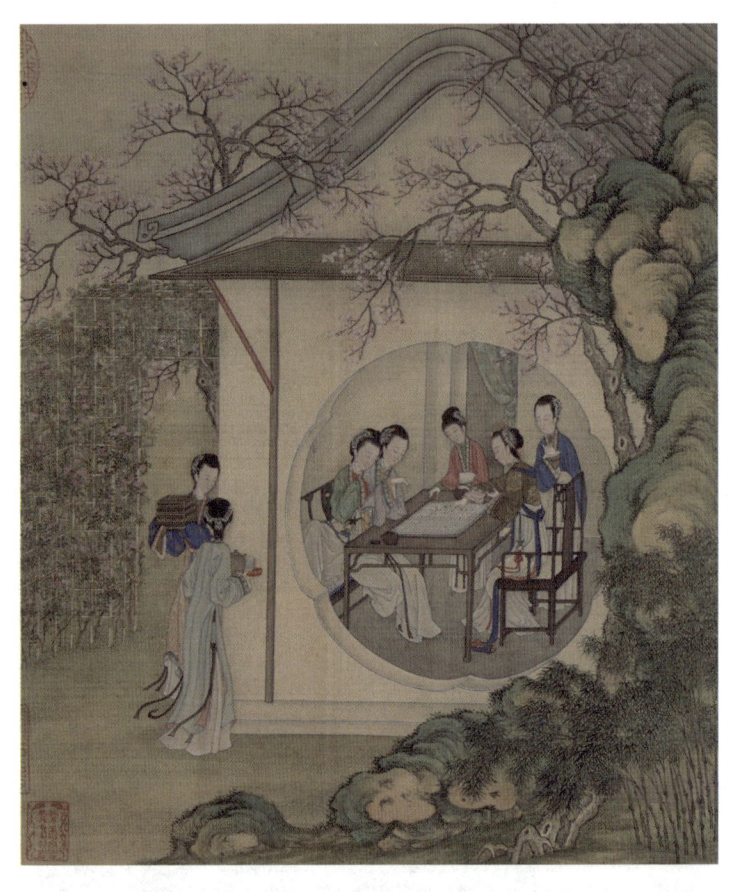

图 7.3　清陈枚《月曼清游图册》(之三闲亭对弈)。现藏北京故宫博物院。可留意画面中的月洞门。

片素白,让人感觉丝丝凉意。宫殿的"庭中空洞无他物,惟植一桂树,树下置药杵臼,使丽华恒驯一白兔"。有了大桂树和捣药白兔之后,陈后主还让张贵妃装扮宛如嫦娥,并富有情趣地将她称为"张嫦娥"。

不过随着陈、张帝妃二人臣服杨广，源自南朝的月宫概念，也作为一种颇具异域风情的体验项目，进入了中原人士的视域（图7.2）。隋炀帝身为中原王朝"重返江南"战略的实际执行人（杨广曾在隋朝扬州总管任上履职十一年），又责无旁贷地成为这股风潮的引领者与塑造者。按《资治通鉴·隋纪》记载，"大江之南、五岭以北奇材异石""海内嘉木异草，珍禽奇兽"，都是通过扬州这个重要口岸输往北方的宫廷的。而杨广本人还偏爱在堆叠了"方丈、蓬莱、瀛洲诸山"，罗络台观宫殿的皇家园林中，"以月夜从宫女数千骑游西苑，作《清夜游曲》，于马上奏之"。满月下的宫殿、由江南物料打造的仙山（图7.3），以及在夜游中不忘作曲的文艺帝王，不但为我们展现了更逼真的历史场景，还为月宫仙境与江南之间勾画出一条隐秘的连线。

有了这样两位前辈的表率，当时"浸喜神仙之事"的唐玄宗也很难拒绝月宫的诱惑。为了迎合玄宗的爱好，凉州节度使进献西域《婆罗门曲》，后被改编成《霓裳羽衣曲》。有关该曲的具体表演内容，从白居易《霓裳羽衣歌（和微之）》一诗中可睹一二。白居易在诗中回忆起在唐宪宗昭阳殿中观看《霓裳羽衣（舞）曲》的情景（图7.4）：

图 7.4　明周臣《唐皇游月宫》扇面。现藏北京故宫博物院。

……舞时寒食春风天，玉钩栏下香案前。案前舞者颜如玉，不着人间俗衣服。虹裳霞帔步摇冠，钿璎累累佩珊珊。娉婷似不任罗绮，顾听乐悬行复止。磬箫筝笛递相搀，击擪弹吹声逦迤。散序六奏未动衣，阳台宿云慵不飞。中序擘騞初入拍，秋竹竿裂春冰拆。飘然转旋回雪轻，嫣然纵送游龙惊。小垂手后柳无力，斜曳裾时云欲生。烟蛾敛略不胜态，风袖低昂如有情。上元点鬟招萼绿，王母挥袂别飞琼。繁音急节十二遍，跳珠撼玉何铿铮。翔鸾舞了却收翅，唳鹤曲终长引声……

借助白居易的视角我们可以看到，舞蹈之前，需要摆下降神必备的"香案"。开始跳舞时，穿着不凡服饰的舞者仿佛收到了人间邀请，从天宫降落的玉女，在音乐的伴奏下，做出回雪游龙般的惊人动作。而舞蹈结束时，这位从天而降的仙女完成了表演，又如女仙萼绿华和许飞琼一样，被

图 7.5　清陈枚《月曼清游图册》（之四庭院观花）。现藏北京故宫博物院。可留意画面前方的青色太湖石和后方的月洞门。

图 7.6　清陈枚《月曼清游图册》(之八琼台玩月)。现藏北京故宫博物院。

上元夫人或西王母召回了天上宫阙。与之相伴的,则是音乐奏出类似仙鹤的唳鸣,标志仙女乘鸾登空而去。

虽然诗中并未提到月宫,但从降神、送神的仪式化步骤,以及上元夫人、西王母（详见第二章）这些固定搭配的仙界女神来看，《霓裳羽衣（舞）曲》本身作为一支具有"降神"性质的法曲，描绘的就是一幅仙宫中聚会、娱乐的场景（图 7.5）。那这座神仙宫阙所在何处呢？从李白咏杨贵妃的《清平调》"云想衣裳花想容，春风拂槛露华浓。若非群玉山头见，会向瑶台月下逢"可知，在所有唐代诗人的心目中，这位玄宗朝最著名的霓裳舞者所在之处，就是西王母的昆仑群玉之山巅，就是月光之下／月亮之上的瑶台仙境（图 7.6）。

原来，并非先有唐皇邀游月宫，再有《霓裳羽衣曲》流传人间；而是唐玄宗在昭阳殿内建造了一个月宫仙境，与杨贵妃一同徜徉于人造的布景之中，沉沦于"霓裳月色裙"的曼舞之下，给后人留下了一段月宫佳话。

月宫与江南

唐玄宗与月宫的联系其实远不止于此，比如《开元天宝遗事》记载，唐玄宗为了与杨贵妃愉快地"凭栏望月"，特意在泰液池西"别筑百尺高台"，取名望月台。另据《旧唐书·玄宗纪》所述，今日流行的中秋节赏月习俗，也源自玄宗的生日"千秋节"。在唐玄宗生日期间，他会与群臣互赠铜镜，以示庆祝，这类铜镜基本产自扬州（图 7.7）。

图 7.7 唐代月宫镜,西安市莲湖区电容器厂出土。现藏西安博物院。

当时情景还有玄宗《千秋节赐群臣镜》诗为证:"铸得千秋镜,光生百炼金……台上冰华澈,窗中月影临……"

这样来看,这面"唐皇游月宫"铜镜确实并不简单。除镜纽中间偏下捣药玉兔和蟾蜍表示此乃月中情景外,"(镜)右上方半露楼阁"及右下端坐贵妇人的画面,从唐代诗人王建的《霓裳词十首》(六至九)中看,只见"……弦索搊搊隔彩云,五更初发一山闻。武皇自送西王母,新换霓裳月色裙。敕赐宫人澡浴回,遥看美女院门开。一山星月霓裳动，好字先从殿里来。传呼法部按霓裳，新得承恩别作行。应是贵妃楼上看，内人舁下彩罗箱。朝元阁上山风起，夜听霓裳玉露寒。宫女月中更替立，黄金梯滑并行难……"应该就是《霓裳羽衣舞》演出的舞台布景与表演情景的高度浓缩。

《霓裳羽衣曲》响起后，贵妃饰演了一位来自西王母座下的霓裳仙女，私自打开广寒宫的宫门，偷下凡间，向君王展现了曼妙的舞姿，"一山星月霓裳动"，引来叫好声无数。同时，也完成了仙境生活的全方位展示。当这位霓裳仙女舞毕返回月宫后，恋恋不舍的君王拿出远超洛河边曹子建的勇气，竟又追至天上，希望在月宫中与仙女再续前缘，并得到西王母所赐的仙药——不死灵药。此时，仙女又回到了最初开门的姿态，与之前开门的时刻巧妙重合，在内涵上又多了一重意蕴。

从这个角度看，铜镜画面中的叙事主题，与汉武帝—西王母故事《洛神赋图》中的君王—洛神保持了内在的一致性。只不过，通过《霓裳羽衣舞》的演绎，增添了更丰富的情节与表演性，为之后的《长生殿》等戏剧提供了历史剧情的植入空间，也为历代人造景观赋予了想象的灵感（图7.8）。

除此之外，铜镜左侧的大桂树图像与下方江水、木桥同样值得注意。月宫仙境固然缥缈，但人类的任何想象其

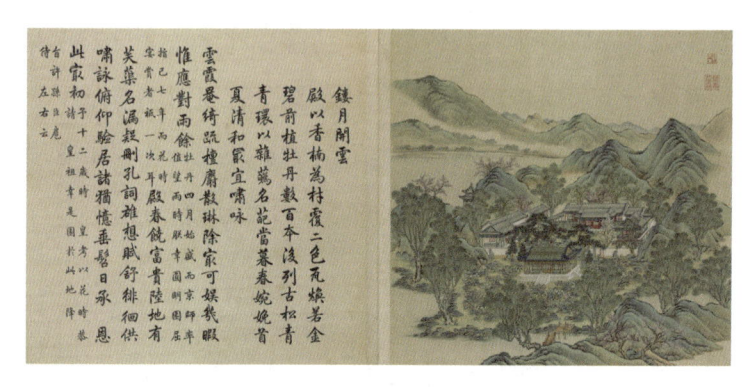

图 7.8 清圆明园四十景图（之四镂月开云）。现藏法国巴黎国家图书馆。图中庭院位于群山之中，被水环绕，仅靠近处一座木桥与外相连。取名"镂月开云"，不言而喻。

实都离不开现实的土壤，月宫中的桂树同样如此。从历史和民俗的角度看，"月中有桂树"这一说法最早出自《淮南子》；而《说文解字》还特别提到"桂，江南木"；至于桂树旁边被称作"太湖石"的岩石，我们将在下一章来讲。这些桂树与江南的联系——作为江南意象的桂树——甚至可以追溯到秦始皇南征百越、开拓桂林郡的时代。

而且，结合陈后主与隋炀帝各自的游月宫事迹，同样可以找到与江南有关的文化符号：陈后主本身即在建康（南京），而隋炀帝所在的扬州（又名广陵）在历史早期几乎可以指代整个江南或华南。换言之，包括唐玄宗在内的三位古代帝王的月宫，其实拥有一片在现实中可以完美对应、亲身踏足的真实土地。因此，对于任何想要进入江南之境——遍植桂树的月宫世界——的中原人士而言，环绕江南的滔滔江海显然就隐喻了拱卫月宫仙境的自然或物理屏障。而江海上飞架的拱桥则为破解这道难题提供了继汉武帝的天马、《洛神赋图》的渡船之后，第三种跨越"仙—凡"的方案。

树木、巉岩、楼阁、江水、拱桥，以及隐约的人物，所有这些重要的元素，都恰好浓缩于这面"唐皇游月宫"铜镜中，并成为之后所有山水画（文人画）的基本构图。

作为仙境的铜镜

"唐皇游月宫"镜背后的故事，不仅为我们道出了《霓裳羽衣曲（舞）》的内核，而且也为我们推开了铜镜与月亮之间的魔法之门。不管是天上的月宫，还是它在人间的投影（江南），其实都是古人有关仙境的想象。月亮反射了太阳的光芒，正如铜镜反射了自然界中的光线，正是这种物理学上的相似性，赋予了铜镜在古人心中无与伦比的灵性与魔力——仿佛进入另一个世界的入口。这种极富创造性的想象力，几乎可以对应追溯到铜镜本身的演进历史。

在此之前，中国古代的铸镜师们曾经创造了无数纹饰独具一格的铜镜。远的有战国山字纹镜（图 7.9），汉晋流行的几何纹博局镜、西王母画像镜（图 2.6），以及各类神

图 7.9 战国四山纹镜。现藏上海博物馆。

图 7.10 唐五岳镜,西安市雁塔区瓦胡同出土。现藏西安博物院。

图 7.11 唐五岳真形方镜。现藏上海博物馆。细看每座山峰都保留了"神树"的形象。

图 7.12 唐真子飞霜葵花镜。现藏上海博物馆。

兽镜；近的有隋唐四神十二生肖镜，唐代的五岳真形镜（图7.10、图7.11）、真子飞霜镜（图7.12）、瑞兽葡萄镜（图7.13）、飞仙镜、月宫镜等，其中许多纹饰的含义至今仍令人百思不得其解。而今，通过对古代铜镜设计原理的分析，其实都可以找到合理的解释。

除了西王母画像镜、真子飞霜镜等一目了然地明确仙境属性的铜镜纹饰外，我们可以同样的思路解读以瑞兽葡萄镜为代表，具有二方连续特征、装饰性更强的铜镜纹饰。此类铜镜（包括稍早的四神十二生肖镜）图案，通常具有二重同心圆结构。外圈一般为飞鸟及缠枝花草纹，内圈为带翼瑞兽和葡萄纹饰。外圈和内圈动植物纹饰始终循环。瑞兽葡萄镜散发魅力的图案让人着迷，但过往研究者始终未曾获得令人满意的解读。其实，线索在本书之前的篇幅中已经出现，就隐藏在第二章关于绵阳何家山二号崖墓青铜摇钱树的描述中：

> 这座青铜摇钱树的红陶树座一共两层，下层为五马浮雕，五匹骏马或吃草或奔跑，自得恣意，宛如"天马"；上层为圆雕雄狮，昂首张口，肋生两翼。总观上、下两层陶座，形似高山。而雄狮背上有一圆孔为树枝插孔，从此往上便是铜树，所以带翼狮子又如高树守卫。

图 7.13 唐瑞兽葡萄镜。现藏中国国家博物馆。

瑞兽葡萄镜是内、外两圈，红陶树座是上、下两层，可如果从上往下俯视，其实也恰是一大一小两个同心圆结构。而从图案上看，树座下层的"天马"对应铜镜外圈，上层的双翼雄狮对应内圈。从拓扑学的角度讲，铜镜就是树座山脉的平面俯视图，而陶树座则是瑞兽葡萄镜的立体视图（图 7.14）。我们知道，陶树座作为"昆仑"的象征，上方连接的就是通往西王母所居的神树世界，那么它在二维平面上的投影亦当如此——铜镜背面中心常常铸成蟾蜍模样的镜钮，便代表了山巅之上的月中仙宫。而铜镜正面，被光滑镜面照出的人像，就拥有了月中仙子的美好寓意。

虽然瑞兽葡萄镜背后纹饰中更丰富的拓扑学原理，我

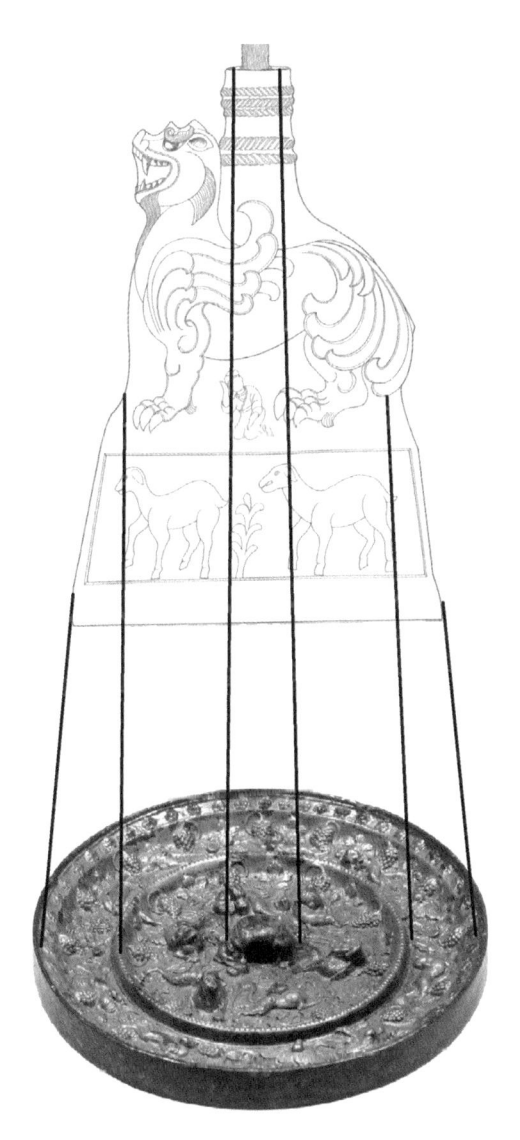

图 7.14 摇钱树陶树座与瑞兽葡萄镜之投影关系图。从逻辑上讲,天马当与海中瑞兽对应(而非外圈飞鸟),此处仅作示意。

们要放到第十一章里（和另一些使用了全息投影技术的文物一道）集中解释，不过提前放在此处，足以帮助我们思考几何纹博局镜、西王母画像镜，以及山字纹镜这类更古老的铜镜纹饰背后的透视特征。第一，它们与"唐皇游月宫"镜一样，在铜镜背面打造了一个不用于凡间的仙境世界——有时它是仙山之巅，有时它是月宫仙境。第二，铜镜本身（因折射光线而呈现出）的光源性特征，使之兼具了仙境入口的属性。第三，正是这种在二维世界与三维世界之间的自由转换，使我们明白，从诞生之初，铜镜便以其通灵的属性承载了古人对一轮满月展开的无穷想象。

李白与月宫

> 小时不识月，呼作白玉盘。又疑瑶台镜，飞在青云端。仙人垂两足，桂树何团团。白兔捣药成，问言与谁餐？蟾蜍蚀圆影，大明夜已残。羿昔落九乌，天人清且安。阴精此沦惑，去去不足观。忧来其如何？凄怆摧心肝。

李白这首《古朗月行》说尽古人明月情节。一轮满月既是人间白玉盘，又似西王母的瑶台镜，内有仙人和桂树，还有白兔与蟾蜍。从陈后主到隋炀帝，从唐玄宗到李太白，都想进入这既近又远的仙境之中。唐玄宗一方面留下了游月传说和赏月习俗，另一方面则在宫廷不断上演的法曲《霓裳羽衣曲》中获得仙境体验。相比之下，与玄宗基本同时代的李白在一生中不但写下《把酒问月》《拟古其十》等大量关于月宫和仙人的诗句，还真正进入了月中仙境在人间倾下的投影。

"……湖月照我影，送我至剡溪……洞天石扉，訇然中开。青冥浩荡不见底，日月照耀金银台。霓为衣兮风为马，云之君兮纷纷而来下。虎鼓瑟兮鸾回车，仙之人兮列如麻……"李白一生五入浙地，留下诗篇无数，其中最著名的《梦游天姥吟留别》高度浓缩了他对兼具月下昆仑与海中蓬莱特征之地——浙东天姥山——堪比仙境的赞美。与其在北方的宫廷中依靠人造布景想象月宫仙境，不如亲身前往江南腹地，在这个为《淮南子》《抱朴子》提供了无数启发，为王羲之、孙绰、谢灵运贡献了山居灵感的越地群山中，完成自己的登仙之旅。

"天台邻四明，华顶高百越。门标赤城霞，楼栖沧岛月……攀条摘朱实，服药炼金骨。安得生羽毛，千春卧蓬阙？"登上了百越中的天台高峰，仿佛已然登上仙人的高楼，栖身月宫之中，像那悬棺中舍弃骸骨（金骨）的古仙人一样，飘然遨游于蓬莱仙阙（参图 10.7）。当李白再度用这首《天台晓望》描绘了他在浙东山中的神仙生活，不经意间，他已经为白居易、张继、贾岛等追随他的唐代诗人们开启了一条通往江南秘境的寻仙探幽之路，很多时候这条道路也被称作"浙东唐诗之路"。据统计，在这条从越州萧山开始，以临海天台、仙居为目的地的寻仙路上，留下一千五百多首唐诗，见证了江南与"仙境"融合的文化过程。

从"唐皇游月宫"铜镜到越地仙境，神山传说终于回到了它开始的地方。尽管不是所有人都能像著名诗人那样深入南国，但来自江南的仙乡风情却以"扬州扬子江心镜""湖州镜""杭州镜"等名义源源不断地输入北方。这一方面因为长江下游地区自古就是中国冶铜中心，另一方面则从地理意义上佐证了（长）江（东）海环绕的"扬子江心（岛）≡昆仑≡蓬莱≡江南≡月宫"的仙境恒等式想象。在往后的岁月中，这一想象图式还将在物质和精神的双重层面推动中国文化和历史的变迁。

最后值得一提的是，唐末五代人王定保在《唐摭言》中，以浪漫的笔触写下诗人李白的人生终点："李白着宫锦袍，游采石江中，傲然自得，旁若无人，因醉入水中捉月而死。"江南宣州，江边捉月，李白不但在象征与本体意义上进入了他的仙境，而且为中国的文学与绘画贡献了"太白邀月"这一经久不衰的主题。

第八章

祥龙石与宋徽宗

艮岳缘起

开封城的东北曾经有一座皇家园林,名叫艮岳,这差不多是宋徽宗时候的事。1122年,徽宗宣和四年,艮岳落成。大约五六年前,一个茅山道士向徽宗进言,如果修建一座空前的园林,作为邀请天上神灵下凡与皇帝同游的场所,将有助于上天赐他更多男嗣。徽宗采信了道士的建议。

艮岳就这样紧锣密鼓地建了起来。按照《云麓漫钞》的记载,这座园林一开始"筑土山于景龙门之侧以象余杭之凤凰山"。冥冥之中,这座位于杭州西湖东南隅充当艮岳原型的山峰,在不久的将来会成为南宋皇城的所在,这是后话。

时人张淏的《艮岳记》提到,为了打造该园不同凡响的景致,徽宗专门委派官员朱勔在苏州设立了一个应奉局,

"取浙中珍异花木竹石以进,号曰'花石纲'"。一开始,"灵璧、太湖诸石,二浙奇竹异花,登莱文石,湖湘文竹,四川佳果异木之属,皆越海度江,凿城郭而至",从江南千里迢迢来到了黄河流域。

接下来,眼看普通大小的太湖石已经不能满足艮岳的规模和徽宗的口味,朱勔又征集了一块堪称史上最大的太湖石,高达四丈,按今天的尺度算大约为十三米,相当于四层楼高。他为这块巨型太湖石打造巨舰,仅拉纤的役夫就高达数千人。所过州县,遇水门则拆水门,遇桥梁则断桥梁,可谓河短凿河,城挡拆城。最后几经折腾,这块巨石终于安放在了艮岳之中。徽宗颇为满意,赐名"昭功敷庆神运石",又封"盘固侯"。董督此事的朱勔,也凭实力荣登《宋史·佞幸传》中的一员。

艮岳建京之后,徽宗又给它取名"华阳宫",还为此专门写了一篇《御制艮岳记》,赞美园中打造出的"姑苏、武林、明、越之壤,荆、楚、江、湘、南粤之野"等微缩景观,在这个园林世界中,重现了"天台、雁荡、凤凰、庐阜之奇伟,二川、三峡、云梦之旷荡"。当然,徽宗并不满足于此,他不但让睿思殿应制李质、曹组两人写下《艮岳百咏》(共计九十九首诗,第一百首是翰林学士王安中写的),赞美了园中百景,还亲自画下罕见的祥瑞"……万岁之石,并干双叶,

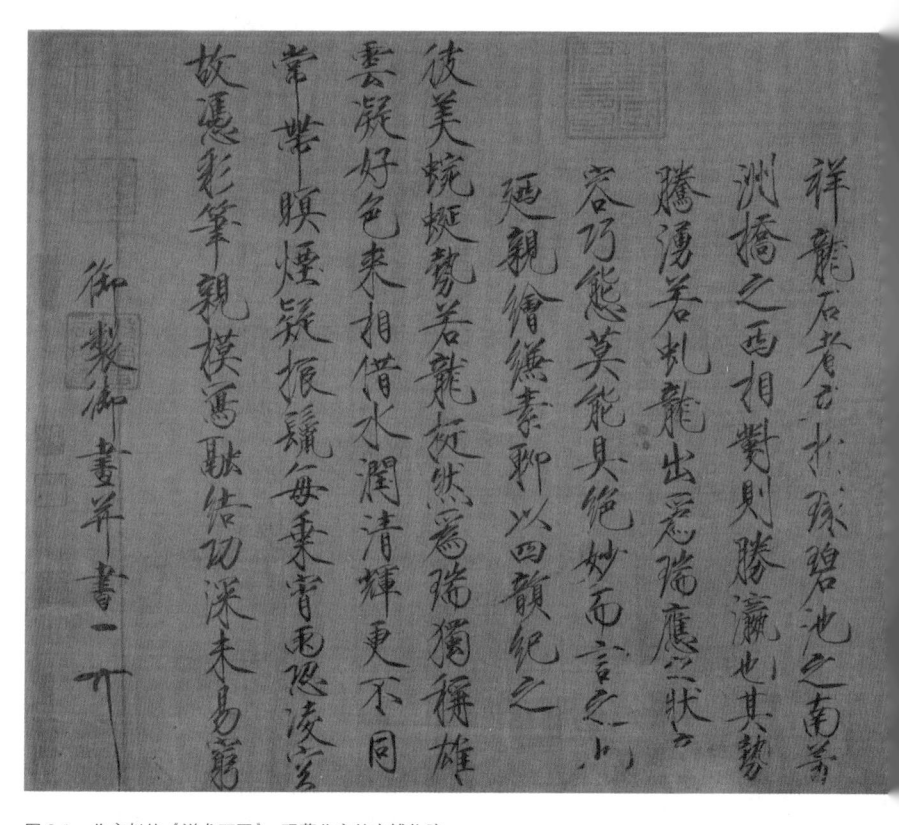

图 8.1　北宋赵佶《祥龙石图》。现藏北京故宫博物院。

连理之蕉"等，收入《宣和睿览册》，这些祥瑞不少即取自艮岳。

然而，华阳宫中嵯峨的寿山，青松蔽密的万松岭，莫不毕集的奇花美木、珍禽异兽，雄伟瑰丽的飞楼杰观，都

没能挽救艮岳和宋徽宗的命运。在它修建期间,已经因征集、运送珍异花木竹石而激起各地民愤,再加上朱勔及手下的苛虐,使得"吴、越不胜其苦"。其实,种种弊端在此之前早已"流毒州郡者二十年"了。

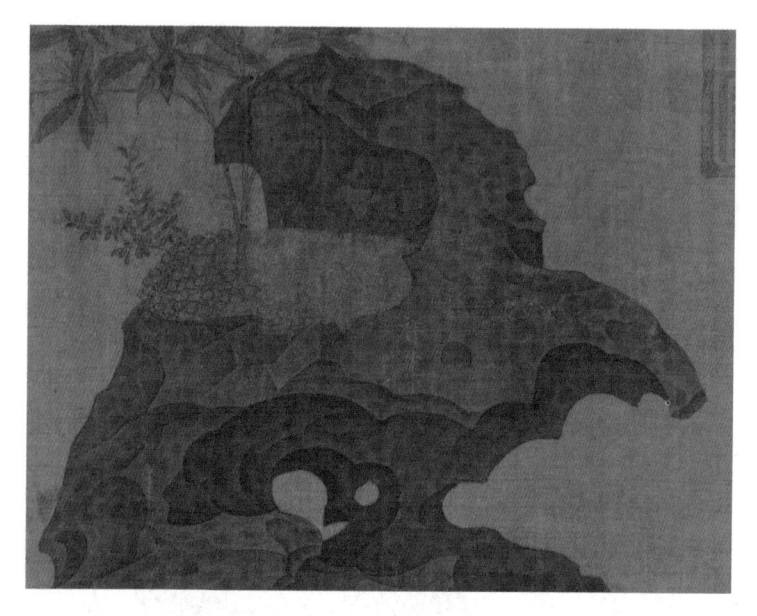

图 8.2 《祥龙石图》细部 "祥龙" 御笔。

就在艮岳落成四年之后，1126 年，金军首次围困开封，徽宗之子宋钦宗下令，任由百姓拆毁艮岳中的亭台充当薪柴，"台榭宫室，悉皆拆毁"。又过了一年，初冬，金军再临，开封城破。大雪之中，大批百姓逃入艮岳避祸，来自蜀地的僧人祖秀也因此进入园中，用一篇《华阳宫记》留下艮岳最后美轮美奂的残影。而那些曾经的最高诸山、排衙巨石，都在守卫东京的战斗中化作守城战士的炮弹与礌石了。

"明年春，复游华阳宫，而尽废之矣。"这是祖秀留给我们的有关艮岳的最后一瞥。

祥龙石的故事

按照后世园林学者的看法，艮岳中那些七窍玲珑的美石并没有全部流散，其中一些经历了时代的洗练，躲进了明清以后各地涌现的私家园林中，继续诉说当年的宫闱故事。但赏石的流传毕竟难以考证，让那些言之凿凿的宫廷御石如同毁于战火的"天下杰观"一样，只留下令人感叹的园林传说。

然而，并非一切坚固的东西都烟消云散了。还有一样，可以证明艮岳存在的东西，从历史之流中顽强地坚持了下来。那是一块曾经摆放在艮岳中的石头，更确切地说，是关于一块石头的图画。

此画名为《祥龙石图》（图 8.1），现藏于北京故宫博物院中。画面的主体是一块昂首竖立的太湖石，顶端绘着几株奇异花草，因似一条翻江倒海的蛟龙而得名"祥龙石"。这个名称不是观者随性任起的，而是画家钦定的，因为以"瘦金体"闻名中国书法史的画家，就在石头上端三分之一处的奇花异草根部的右侧下方，留下御笔"祥龙"二字（图 8.2）。

细看这块太湖石，可见画家笔下用心，以十分纯熟的写实技巧,"精细入微地刻画出了太湖石独具的特征,又力求突出'祥龙'立意:凹凸起伏的石形既玲珑剔透,又犹如左向昂首、盘曲蜿蜒、腾空欲飞的虬龙;细劲线条勾描的尖峭轮廓强调了石身之瘦秀,也增添了虬龙雄强之气质;浓淡墨色渲染的涡孔窍穴,既突出了石体的褶皱纹理,又极似斑斑龙鳞。太湖石的瘦、漏、透特征与祥龙石的雄强、吉祥、瑞应寓意巧妙结合,兼而有之,十分典型地反映了御苑奇石的姿、韵之美"。①

究竟是哪位画家,以墨笔层层渲染出太湖石天然独具的特征,将石灰岩历经湖水溶蚀而形成的点点坑眼,以及嶙峋肌肤、斑驳纹理、委婉孔洞描绘得结构分明、细腻入微、工整精雅,如同写生一般亲眼所见?谜底或许早已揭开。后人根据绘画风格及卷末瘦金体"御制御画并书""天下一人"画押、朱印"御书"和双龙御玺等特征鉴定判断,这位画家无疑就是宋徽宗赵佶本人。不仅如此,他还在画左留下专为祥龙石而作的瘦金体题诗:

> 祥龙石者,立于环碧池之南,芳洲桥之西,相对则胜瀛也。其势胜湧,若虬龙出为瑞应之状,奇容巧态,

---

① 丁文父编,《御苑赏石》,生活·读书·新知三联书店,2000年,第261页。

图 8.3　清圆明园四十景图（之二十九,方壶胜境）,现藏法国巴黎国家图书馆。以仙山琼阁景观为主,注意画面中心方壶胜境正殿前有一排置于须弥座上的奇石。

莫能具绝妙而言之也。廼亲绘缣素，聊以四韵纪之。

彼美蜿蜒势若龙，挺然为瑞独称雄。

云凝好色来相借，水润清辉更不同。

常带暝烟疑振鬣，每乘宵雨恐凌空。

故凭彩笔亲模写，融结功深未易穷。

从诗前小序可见，祥龙石的方位，北有环碧池，东有芳洲桥，与胜瀛相对，大抵位于艮岳中可以四通八达的交通要道位置（参图 8.3）。或凭其显赫位置得到徽宗的注意，或因其本身"彼美蜿蜒势若龙，挺然为瑞独称雄"的奇容巧态，才有机会独占要津，成为徽宗画笔下"故凭彩笔亲模写"的独一无二的石头模特。

那么，在艮岳从建成到倾颓的许多年中，祥龙石作为默默无闻的林中一员，见证了北宋王朝最后转瞬即逝的繁华与鼎盛。在那个大雪纷飞的冬季，它有没有选择振鬣凌空化为云龙，我们不得而知，但它所留下的这幅肖像，已经足以让我们重新忆起那个与王朝命运相系的"花石"之梦。

天台山上有真仙

如果说我们在上一章中发掘了"桂树"作为南国符号的广义性，那么"太湖石"则以它显而易见的地域性标签定义了狭义的江南，而这正是艮岳与祥龙石的共同起源地。用多孔的岩石来代表南方的传统由来已久，白居易的《太湖石记》作为史上首篇全面阐述太湖石地位的散文，讲述了唐代藏石家牛僧孺独特的湖石情结。

曾为宰相的牛僧孺嗜石成癖，在自己的宅邸别墅中集满了属下所赠的太湖石，它们有的如"灵丘鲜云"，有的如"真官神人"，牛僧孺生活在其中，犹如遨游"三山五岳、百洞千壑"的真仙一样。正是得益于这些江南奇石的灵感启发，让他仿佛置身于南国仙境，完成了唐代著名传奇小说集《玄怪录》的创作。不仅如此，连他的政坛宿敌李德裕，也有着相同的癖好，在洛阳南郊精心修建平泉山庄，将"江南珍木奇石，列于庭除，平生素怀，于此足矣"[1]。

从牛僧孺与李德裕的前朝案例中，我们不仅见识了他们对太湖石、江南珍木奇石的痴迷，还明确了他们的爱石情愫并非孤立。他们其实是将太湖石与自家的园林馆舍结合，以此营造一种"江南"亦即仙境的氛围。虽然按司马相如《上林赋》的描述，早在汉武帝修建的上林苑中，就已经通过"崇山矗矗，巃嵷崔巍，深林巨木，崭岩参嵳"来体现仙境的幽邃与神秘感，但当时的设计者更多还是围绕"仙人好楼居"的理念，以"离宫别馆，弥山跨谷，高廊四注，重坐曲阁"这些富有想象力的楼观建筑来呈现仙居缥缈。而随着中原世界的向南推进拓张，易于复制的楼居景观，终于让位给了主要由"珍木奇石"构成的，更难再现的微缩自然景观（参图 8.4）。

既然自唐代以来，江南已经获得了"天上仙境之人间版本"的官方认证，那么，对宋徽宗这位以"好道"著称的君王来说，在宫闱内廷之中复制一个浓缩南国风光，并以江南山居为主题的山水乐园，将是他邀请上天神灵下凡同乐的最大凭借。此外，如果那些装点主题乐园——艮岳——的物料、建材真的来自江南，将为这个人间奇观注入更多仙气和灵力。

---

[1] 李德裕，《平泉山居草木记》。

图 8.4　上海豫园大假山。由明代江南叠石名家张南阳主持建造,山高十四米,用数千吨武康黄石堆砌而成。

只不过,徽宗与他的应奉们没有想到,当他们努力把真正仙境中的巉岩和山石一一錾下,并试图在宫殿中堆叠出一座虚假的仙山时,是否会激怒那些山中的"仙人"。

1120 年,来自江南腹地睦州(今浙江)的方腊首先率众起义。按照《容斋逸史》的记载,方腊因家有漆园,本地又盛产漆、楮、松、杉等异石奇花,而成为官员征收"花石纲"盘剥的主要对象。山民们疲于应对,终于将矛头直指朱勔。

值得注意的是,方腊的誓师宣言中提到,江南地区不但为北方宫廷提供了"声色、狗马、土木、祷祠、甲兵、花石"

等奢侈享乐的开销,还承担了北宋政府每年向西夏、辽国交付的百万岁币的支出——"赂西、北二虏银绢以百万计,皆吾东南赤子膏血也"。显然,花石纲只是压垮骆驼的最后一根稻草。

虽然方腊起义在短短半年内即遭扑灭,那时连艮岳也尚未竣工,但他的响应者席卷苏州、湖州、婺州、处州,余部远及越州剡县、台州仙居、金华永康等地,而此间恰恰就是那些古代仙人真正的故乡。一生"好道"的徽宗从未在他的人造仙境中遇到真仙下凡,他或许永远不会明白到底是哪里出了问题。

作为仙境主题乐园的艮岳

从出产珍木奇石的江南回到宋徽宗的华阳宫,让我们有机会重新站在祥龙石的视角,一览艮岳百景的奇妙之处。《祥龙石图》题诗前小序提到了祥龙石的方位,北有环碧池,东有芳洲桥,与胜瀛相对,但我们在考察了《挥麈后录》和《艮岳记》的记载后发现,这几个地名都不存在。

唯一可以对照的,大概是万松岭下有大方沼,这片湖沼是艮岳最大的水域,沼水东流入研池,池水"中分二馆,东曰流碧,西曰环山",如果"环碧池"就是这"流碧"与

"环山"的合称,也能说得过去。而大方沼"中有两洲,东为芦渚,亭曰浮阳;西为梅渚,亭曰云浪",芦渚、梅渚是艮岳中唯一称"洲"的地点,或许芳洲桥就是沟通两洲间的重要桥梁。至于"胜瀛"已经无缘考证,它究竟是与"祥龙"相对的另一块奇石,还是一处攀龙可登的仙境胜地,只能永远留在那座消失的北宋园林之中了(图8.5、图8.6)。

不管怎样,我们假设祥龙石真的位于"环碧池之南,芳洲桥之西",即研池的位置,那么借助这一绝佳视角——大致是艮岳的中心——或许能全面了解艮岳的基本构造。首先,艮岳由三座山丘组成,分别是大方沼北面的万松岭(以青松蔽密而得名);万松岭东面的万岁山,即艮岳山;以及最南面的寿山。其次,在东西向的万松岭和万岁山之间,由白龙沜、濯龙峡隔开,而南方的寿山与北方两山之间则是由湖沼和园囿组成的盆地,祥龙石所在地正位于盆地之中。放眼望去,周边分布的萼绿华堂、绛霄楼、书馆、八仙馆、挥云厅和艮岳神运峰等主要景观建筑尽收眼底。

且不论艮岳之中的诸般景致,我们仅以祥龙石视角所见景观来看,就可体会此地浓厚的慕道氛围。虽然眼前只有"八仙馆"拥有一目了然的仙界意境,但当我们打开《艮岳百咏》逐一检索宫廷诗人歌咏时,可以清晰地发现它们都承托着有关仙境的独特隐喻,并以此构成了一种如临其

图 8.5　清中期山形座"岳云"石。现存北京北海公园永安寺楞伽窟西侧。该石为艮岳遗石,与东侧"昆仑"石相对,见图 8.9。

图 8.6　上海豫园"玉玲珑"湖石(图中三石中间的一块)。"玉玲珑"亦为艮岳遗石之一。

境的仙界意象。

《萼绿华堂》：
　　绿萼承趺玉蕊轻，清香续续度檐楹。天教不杂开桃李，赐与神仙物外名。

《绛霄楼》：
　　翼瓦飞甍跨阆风，卷帘沧海日曈昽。佳时自有群仙到，笑语云霞缥缈中。

《书馆》：
　　莲烛词臣在外庭，青钱学士已登瀛。回廊屈曲随岩阜，挟策何妨取次行。

《八仙馆》：
　　蟠桃初熟玉京春，圆屋如规户牖新。尽是瑶池高会客，岂容尘世饮中人。

《挥云亭》：
　　天风吹作海涛声，挥斥浮云日更明。波上石鲸时吼雨，只知楼阁是蓬瀛。

从这些诗句中，我们可以看到，诗人不但用"神仙""群仙"这些明喻入句，还以"萼绿华"（西王母/上元夫人传说）、"阆风"（西王母/昆仑传说）、"沧海"（碣石传说）、"登瀛"（海上三仙山传说）、"蟠桃"（西王母传说）、"瑶池"（西王母传说）、"蓬瀛"（海上三仙山传说）这些暗喻，为每一个人造景观赋予了具体的象征含义。简言之，这里就是一座集中了几乎所有中国古典修仙场景的"仙境主题乐园"。

对宋徽宗而言，这样的仙境多多益善。讲述"水浒"故事的《大宋宣和遗事》还提到，当时汴京元宵灯会会搭建"鳌山高灯"和"彩山"。尤其是彩山，"极是华丽：那彩岭直趋禁阙春台，仰捧端门。梨园奏和乐之音，乐府进婆娑之舞。绛绡（霄）楼上，三千仙子捧宸京；红玉栏中，百万都民瞻圣表"。有散曲唱道："帝里元宵风光好，胜仙岛蓬莱。玉动飞尘，车喝绣毂，月照楼台。三官此夕欢谐。金莲万盏，撒向天街。讶鼓通宵，花灯竞起，五夜齐开。"而这与绛霄楼交相辉映的彩山、鳌山高灯就源自吴越国王钱镠的馈赠。

移动的彩灯蓬莱得自吴越；艮岳乐园取景于余杭凤凰山。后者更用江南的"瑰奇特异瑶琨之石"（参图 8.7）微缩"天台、雁荡、凤凰、庐阜之奇伟，二川、三峡、云梦之旷荡"，造就半永久的园林奇观。与其说这是人心向往的天上仙境，

图 8.7　昆（琨）石小山子，胡可敏捐赠。现藏上海博物馆。与图 8.10 及第二章图 2.5、图 2.13、图 2.14 比较可见，上广下狭的奇石造型所象征的是西王母座（或须弥座）形象。

不如说这就是一个移植再造的汴京江南。

赏石与假山

从祥龙石到神运峰，我们解开了艮岳的造景原理，也明确了古人心中羡慕江南的情感源头所在。延续上一章的唐人月宫主题，宋徽宗更以令人瞠目的实际行动，撼动了仙境的神灵——并受到了山中"真仙"的惩罚。

不过，这种深启后人的江南想象，其实可以追溯到更久远的时代。通过对这一情节的重建，可以方便我们更深入地理解古代造园活动的情愫所在。比如，上一小节提到的"瑶琨之石"便可直追《尚书·禹贡》，其在"淮海惟扬州"

图 8.8　清早期方盆复合座玉石。现存北京故宫宁寿宫花园。盆座四周刻有海水天马纹饰。

条下,将"瑶、琨"列为仅次于铜矿料的重要贡品,其中的"瑶"指代美玉,而"琨"则是一种似玉美石。

自汉代以来,在皇家园林中人造景观以象仙境已成为基本定式。比如,汉武帝的泰液池,"中有蓬莱、方丈、瀛洲、壶梁,象海中神山龟鱼之属"(参图8.8)。此时的瀛洲、方壶之类虽然缥缈,但在人们的头脑中,已经明确了它们在方位上大致位于东南。随着魏晋南北朝历代渐渐南倾,伴随王、谢等诸位"山居"实践者的知识积淀,以吴越为核心的江南地不但与传说中的神山形成了高度对应的关系,而且在地景上也逐步完成了仙境的再造。

其中最具代表性的案例,就是南齐惠文太子建造玄圃一事。按《南齐书·萧长懋列传》记载,惠文太子曾在建康城内拓建私家园林,"其中楼观塔宇,多聚奇石,妙极山水",并取名玄圃园。他的灵感无疑源于传说中西王母在昆仑上的空中花园。以至于在此不久后的南梁大同三年(536年),地处长江最下游的娄县也被改名为昆山,取义"玉出昆冈"(参图8.9)。我们不难发现,瑶琨→奇石→昆玉,三者之间有着奇妙的演进关系。至此,加上早已来到东南的海上瀛洲、夷洲及亶洲(经孙权认定),可以说,中国古代最知名的神山都在景观意义上汇集于江南。不仅如此,从惠文太子的玄圃园还可看出,这些园林的建造者越来越不

图 8.9 清中期山形座"昆仑"石。现存北京北海公园永安寺楞伽窟东侧。该石为艮岳遗石,与西侧"岳云"石相对,见图 8.5。

满足于"楼观塔宇"这些泛泛的名称,而更倾向于富有鲜明所指的仙境地标。

而从上一章隋炀帝以"大江之南、五岭以北奇材异石"建造西苑园林更可见,隋唐之后,中原人士对江南的浪漫

图 8.10　清中期圆盆复合座太湖石。现存北京故宫宁寿宫花园。盆座刻有海水江崖纹饰。

想象已经由表及里地渗透到南方出产的一石一木当中（参图 8.10）。前有牛僧孺、李德裕这对欢喜冤家嗜爱"江南珍木奇石"，后有米芾爱石成癖（图 8.11、图 8.12）、苏东坡错失"壶中九华"而"清梦断"。值得注意的是，米芾拜

图 8.11 清中期器座式太湖石"石丈"。现存北京颐和园。器座刻有海水纹,以烘托湖石的海上昆仑雄姿。

石所在地,就是当年李白邀月的江南宣州采石江畔。此外,在苏东坡笔下,那块他错失的江南美石"壶中九华",则因为形似池州九华山(图8.13),而拥有了可以和希代之宝"仇池石"(图8.14)并称的美誉。仇池石的最大特征,就是符

图 8.12　清施余泽《米芾拜石图》。现藏台北故宫博物院。

合了苏轼心中瀛洲的形象。

汉武帝最初在泰液池中建造海中神山、广造博山炉的举动，只是一种对缥缈仙山的象征性爱慕，其在物质方面的体验，则落实到"楼居"的层面。随着魏晋以来对江南山地的深入，人们对仙境的认识，一方面实现了从"楼居"向"山居"的转变，另一方面也完成了仙境虚拟意象与江南具体丘陵景观的实体绑定。而这一切，就为唐宋时期赏石潮流、叠石园林的出现奠定了心灵与实践的双重基础：

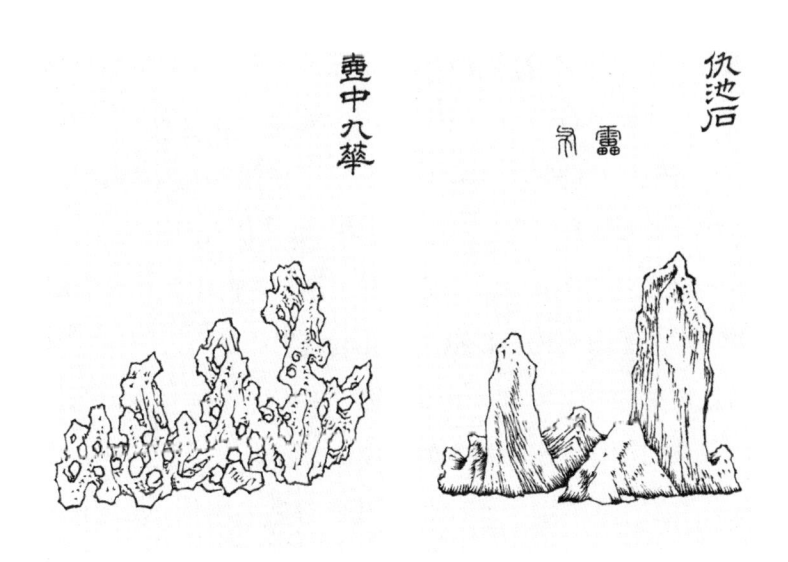

图 8.13 "壶中九华"图，明林有麟《素园石谱》卷一。

图 8.14 "仇池石"图，明林有麟《素园石谱》卷四。

由"姑苏、武林、明、越之壤"所代表的"山"被缩小于苑围，而由楼观塔宇所代表的"居"则被适度放人，形成了后来我们所熟悉的园林景观。

有一种爱，叫多孔石灰岩

从艮岳到祥龙石，我们完成了北宋宫廷园林的巡礼；而从祥龙石内窥艮岳，又帮助我们推开了一扇能从内部透视人造仙境的月洞门。赏石与造园分明是两个主题，但又有着共同的脉络。玲珑的赏石位于花园一角，比如被画作描摹的艮岳祥龙石；堪比假山的巨大赏石则可以成为园林的主体，将亭台楼阁扛于一肩（图8.15），比如需要拆桥凿城而入的神运石本身，它们都是（昆仑）仙境在人间的化身。

经过我们多番阐述，隐藏在太湖石中的主题已经渐渐浮现。几乎没有人可以抵御多孔石灰岩的魅力，而将其视为仙境的信物。正如《世说新语》中"石崇与王恺争豪"所记载的那样，来自南方的珊瑚株，成为中原人士眼中顶级"财富"的象征。这个发生在西晋著名园林"金谷园"中的故事，进一步向前延伸了"奇石"崇拜的年代和类别，并且提醒我们"瑶琨"最初作为财富交换媒介的可能性。值得注意的是，珊瑚作为海洋生物珊瑚虫的遗骸，同样也是一种有着美丽条纹的多孔石灰岩（图8.16）。

回到我们熟悉的太湖石园林。自唐宋以来，经过古代诗人、文学家的不懈努力，江南作为集异域风情、人间仙境和富庶之源的形象，已经牢固树立在中原人士的心目当中。米芾、苏东坡等名士学者可以自由前往南国，体验天然仙境，并在财力范围内收集赏石纪念品。与他们相比，宋徽宗只能以一种无奈但无异于土豪的方式，获得一种退而求其次的体验——在自己的宫殿中复制一座尽可能全面囊括江南知名景点的仙境主题乐园。

图 8.15　北京故宫御花园亭山，上为御景亭。

图 8.16　明早期须弥座珊瑚石。现存北京故宫御花园。

　　就像我们已经看到的那样，为了尽可能肖像江南，官吏和差人们无所不用其极地为宋徽宗搜罗奇石名木，动用各种水陆交通工具，将原汁原味的江南——"声色、狗马、土木、祷祠、甲兵、花石"——源源不断地输送至京城。"国家根本，仰给东南"①，当官府不断从江南敛取钱、粮以填补西北、东北的外患缺口时，还要竭力搜刮东南的一石一木，

---

①《宋书·范祖禹传》。

怎能不让山中真仙倍感震怒,彻底断绝了"昭功敷庆神运石"的神运赓续。当然,随着宋高宗迁都临安,将宫廷搬到了真正的余杭凤凰山脚下,在这个富庶仙境的庇佑下,偏安一隅的王朝又延续了一百多年,这是后话。

从汉武帝祭拜的博山香炉,到唐宋文人嗜爱的真石、假山,人们对仙境的想象同出一源。不过要问,这些古人当真爱那冷冰冰、湿漉漉的氤氲磐石?非也非也,他们真正爱的只是那个出没于绛霄楼上、萼绿华堂中,与八仙交友言欢的自己罢了。

第九章

元瓷枕与真昆山

马致远的黄粱梦

时间从宋代来到元代,元成宗元贞年间(1295—1297),四位曲家马致远、李时中、花李郎和红字李二会聚于大都(今北京)"元贞书会"。在此期间,他们一人一折共写了一本四折剧《邯郸道省悟黄粱梦》(又名《开坛阐教黄粱梦》,以下简称《黄粱梦》),留下一段曲坛佳话。

这本《黄粱梦》讲述了八仙之一吕洞宾受汉钟离度化成仙的故事。剧中讲到,唐朝书生吕洞宾进京赶考,在邯郸旅店偶遇前来点拨他的仙人汉钟离。起初,吕洞宾对仙人许诺的"上昆仑,摘星辰"、长生不老等福利并不以为意,一心要去考取功名。于是,汉钟离便施法让他先美美睡上一觉。"到大道轮回中走一遭……见些酒色财气,人我是非。"

之后,吕洞宾进京高中,官拜兵马大元帅,又被太尉招婿,得了妻子和一双儿女。十八载安居后,生活遭变。首先,国家有乱,吕元帅领命出征,临行前饮酒吐血,先折了"酒"阵。其次,元帅阵前纳贿败露,妻子与尚书公子有染,使他"财、色"两空。最后,在发配途中,他又失去了一双儿女,从此全无生"气",断绝了一切念想和希望。

待吕洞宾惊觉"酒色财气"四大皆空后,突然惊醒,原来尚在邯郸旅店,店主蒸的黄粱米饭尚未熟透。人生的跌宕起伏,让他醒悟汉钟离度他出世的缘由。他终于放弃尘世追求,跻身"八仙"之列。

当然,马致远这本以"黄粱一梦"为主旨的元代名剧并非首创,最早可以追溯到唐代小说家沈既济的《枕中记》一文。唐代传奇讲述了玄宗开元年间,一个卢姓青年在邯郸城外旅店中偶遇道士吕翁的故事。卢生感叹人生憋屈,功名不顺,吕翁就给了他一个青瓷枕头,"其枕青甆(瓷),而窍其两端",大概是一个朴实无华的瓷枕。卢生拿到枕头,不顾店主正在蒸着黍米饭,倒头便睡。

接下来的情节,与后来的《黄粱梦》差别不大。先有明门望族清河崔氏招卢生为婿,妻子美丽动人;后卢生中了进士,得到唐玄宗的赏识提拔,不断升迁,屡建奇功。他的一生跌宕起伏,两次遭遇贬谪,又奇迹般地起复。八十多岁时,儿孙满堂,功成名就,因病去世。等卢生感叹人生无常时,猛然睁眼，发现自己仍在旅店之中，而店主的黍米饭同样未熟。吕翁在旁问他可是做了一个好梦，卢生怅然若失，不知是梦是醒。

《枕中记》故事并没有后来改编的版本那样，充满"教育意义"，主旨也不在于度化卢生，只不过是感叹人生如梦。最后，吕翁与卢生未曾携手登仙，不过辞别于逆旅，相忘于江湖。其中施法的是吕翁，做着黄粱梦的是卢生。但恰是"吕翁"的姓氏给了后来剧作家改编的灵感，把卢生替换成了吕洞宾，并将吕翁挪作了汉钟离，凑成一个"八仙"传说。

然而，除了吕翁与吕祖之间的联系外，当我们从《黄粱梦》回到《枕中记》时，其实还能找到两者间的另一层重要的纽带：梦与枕。此外，作为《枕中记》题眼的"枕头"并非寻常的草枕、布枕，而是硬邦邦一个青瓷枕。这个"窍其两端"的瓷枕究竟有何魔力，能让人梦到斑斓世界，"见些酒色财气"，又经历跌宕起伏的人生？想必不是朴实无华的一个枕头。为了见识瓷枕的魔力，且让我们亲眼见一下宋、元之间真正流行过的另一个青白釉瓷枕。

元代青白釉透雕人物瓷枕

宋、元之间确实有过一类制作极为精美、造型非常独特、

第九章 元瓷枕与真昆山 / 219

图 9.1　元景德镇窑青白釉透雕人物枕（正面），安徽省岳西县出土。现藏安徽岳西县文物管理所。

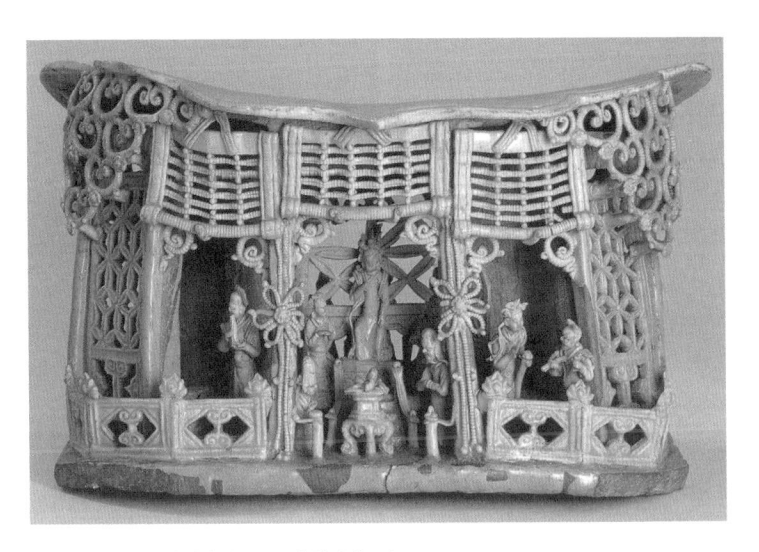

图 9.2　元景德镇窑青白釉透雕人物枕（背面）。

图 9.3 元景德镇窑青白釉透雕人物枕(背面细部)。

图 9.4 元景德镇窑青白釉透雕人物枕(侧面)。

题材引人入胜的瓷枕，称作人物楼台式瓷枕。其中最经典的或许是 1982 年安徽岳西县元墓出土的一件青白釉透雕人物瓷枕（图 9.1、图 9.2）。

这件瓷枕为元代景德镇所制，其胎质洁白，通体呈椭圆形，施青白釉，莹润光亮，清雅秀丽。枕面似一片翻卷的荷叶，两头上翘，中间微凹，全部饰有菱形"卐"字纹，周边装饰卷云形连弧纹。下部为底座。中间枕身为楼台之状，制作者以塑雕和镂雕的手法，营造祥云环绕楼台亭阁、玉宇琼楼景致，正合"仙人好楼居"的古意。瓷枕内部塑有人像，共计十八尊。

正殿神台之上端坐一男性，高冠长袍，左、右各有一个侍从拱手而立。阶下分立男女二人，手捧仙桃进贡。屋檐枋头都装饰以如意云纹，宫门上珠帘垂挂，正殿两侧透雕铜钱纹隔扇。殿外有勾栏环绕两侧回廊，中有菱形镂孔，若祥云之状。背面亦有神台，宫殿布局与正面相似，装饰上略有差异。神台上端坐一女性，凤冠霞帔，左、右各有侍从，台下为一硕大供炉，摆满供品，两边使者似为胡人、仙人装束（图 9.3）。

除了前后神台主座二人、侍者四人、贡使四人，一共十人外，还有八人。他们或各持宝物，或两两相对私语，都神情各异，裙带飘忽，惟妙惟肖（图 9.4）。难怪有学者认为，瓷枕所表现的可能是八仙为王母、玉帝祝寿的情景。

与之相类的宋、元间瓷枕迄今发现数量非常有限，其中精品更是寥寥，除了这件外，还有山西大同出土的一件"广寒宫"神仙故事枕、江西丰城市博物馆所藏的一件"白蛇传"戏曲人物枕，以及首都博物馆所藏的一件戏剧舞台人物纹枕较为知名。其中，首都博物馆藏品也塑有十八位人像，男女或恭敬施礼，或相视而语，诉说各自的故事，但无法识别具体剧目，略显遗憾。而丰城瓷枕在前后左右造有四个彩棚（图9.5、图9.6），分别搬演断桥借伞、白府还伞、水漫金山和救母出塔这四幕剧情，为古典戏剧与梦境之间的联系提供了一种直接的可能。

这三件藏品在主题上，当数大同"广寒宫"神仙故事枕与岳西瓷枕最为接近。该枕亦为宫殿造型，枕面似海棠花瓣，同样饰有"卍"字纹。在宫殿围栏内，有云纹装饰，烘托云中月殿广寒宫景（图9.7）。在瓷枕正面，是立于圆形月洞门内手持铜镜的嫦娥仙子，旁边有捣药玉兔和四名月宫侍者，分列台阶上下。背面有一男子立于几案之后，腰系玉带，四名侍者如前。两侧各有一男性仙者形象，一边是在香炉前祭拜的男子，边上有童子手捧花篮；另一边的男子头戴纶巾，长袖飘飘，衣带飞舞，立于仙山之上，山

图 9.5 元景德镇窑青白釉透雕人物枕(正面),江西省丰城县收集。现藏江西丰城市博物馆。

图 9.6 元景德镇窑青白釉透雕人物枕(侧面)。

图 9.7　元景德镇窑青白釉捏雕瓷枕（正面）。现藏大同市博物馆。

图 9.8　元景德镇窑青白釉捏雕瓷枕（右侧）。　　图 9.9　元景德镇窑青白釉捏雕瓷枕（左侧）。

下波涛滚滚环绕仙岛，此仙人也被研究者认为是吕洞宾的造型（图9.8、图9.9）。

从大别山麓到大同盆地，八仙与吕洞宾的形象在民间屡屡出现，有时他们出现在曲家的笔下，有时他们出现在人们的枕上，为我们一窥古人的梦境打开了另一个难得的窗口。可仅仅靠一个神奇的枕头，就能让人进入充满神灵的仙境世界，与众仙人共享齐福吗？从汉武帝入海寻觅，到宋徽宗敕造神峰，那些古代帝王都未能找到的通幽曲径，真的就藏在这个小小的枕中吗？

昆仑玉山有佳处

相比大都曲家们兴叹"黄粱一梦"的人生苦短，元代的江南腹地，一座微缩的梦中宫阙正在街衢间巷隆出地表，将人们送进了及时行乐的现实仙境。比马致远稍晚一些时候，一位名叫顾阿瑛的江南首富辞去了元廷官职，花费前半生积累的财富，在家乡昆山打造了一座流传后世的园林"玉山佳处"，后易名"玉山草堂"。

此座私人园林之所以留名史册，盖有三个原因。第一，玉山草堂规模空前，景点繁多，让人过目难忘。曾多次入园的西域画家吴克恭在《玉山草堂序》中介绍，其中有画舫、

图 9.10　苏州留园小蓬莱。

溪流、楼台、亭榭,各类景点一共二十六处(另有《元诗选注》则称景点有三十六处)。这些景点往往冠以"钓月轩、芝云堂、种玉亭、小蓬莱、湖光山色楼、书画舫、小游仙坊、百花潭、绿波亭、放鹤斋、听雪斋、雪巢、白云海"之类美名,仙意翩翩,令人浮想联翩(参图9.10)。

第二,前来玉山草堂拜访、行乐的宾客如云,此间嘉会不断。顾阿瑛建成草堂后,又开办玉山雅集,在此之后的十二年中共设五十多场雅集聚会,使江南文化精英在此云集。其中有元朝江浙军政要员,比如元文宗图帖睦尔的近臣、奎章阁鉴书博士,但因"南人"身份受到排挤,退居江南的柯九思，曾为翰林、侍读兼祭酒等要职的张翥，以及元江浙行枢密院都事张端、元文华殿大学士全思诚、时任浙东道宣慰使都元帅的色目人泰不华等；也有王冕、王蒙、倪瓒、黄公望、杨维桢、郑元祐、虞集等志在隐逸的文化名流。此外，还有诗人、画家、和尚、道士、答失蛮、也里可温教徒，以及青楼女子等社会各色人等，都不分高低，不论贵贱，平等地相聚于此。

第三，是最重要，也最有趣的一点，据文献记载，玉山主人顾阿瑛还"饩馆声伎"，即以自家蓄养的家乐声班，在园林中招待四方宾客。熊梦祥在《分题诗序》中描绘了声伎演出时，草堂"张筵设席，女乐杂沓"的盛况。顾阿瑛还亲自弹奏古阮（后来昆腔的伴奏乐器），熊梦祥"以玉箫和之"，江南丝竹与女乐的歌声"相为表里"，气氛极为优雅。①

此外，从顾阿瑛《碧梧翠竹堂分题诗》中"吴歌赵舞双娉婷"可见，玉山中的家乐声班不但能演南曲戏文，也能演北曲杂剧。明王圻在《稗史汇编》中专门提到，"富侠若顾仲瑛辈，更争招致宾客……而其雅不能诗者，尤好搬

---

① 吴新雷，《论玉山雅集在昆山腔形成中的声艺融合作用》，《文学遗产》，2012年第1期。

衍杂剧"（图 9.11、图 9.12），可证南戏北剧交相竞演于玉山草堂，对后来昆山腔和昆曲的诞生起到了直接的推动作用。①

正因如此，顾阿瑛专门请画家张渥留了一幅《玉山雅集图》（参图 9.13）。虽然这幅画作已经不见，但文坛盟主杨维桢记录画面的文字还是保存了下来，留下元代江南文人非常有趣的聚会场景。官人与声伎、学士与僧道、胡人

图 9.11　元王实甫《新刊奇妙全相注释西厢记》（明弘治刊本影印版）。卷首版画。

---

① 吴新雷，《昆山腔形成期的顾坚与顾瑛》，《文化艺术研究》，2012 年第 2 期。

图 9.12　元王实甫《新刊奇妙全相注释西厢记》（明弘治刊本影印版）。"张生石畔私窥莺莺烧夜香"插图版画。

与越人，都曾在昆山玉山草堂的钓月轩里、小蓬莱中、湖光山色楼上……把酒言欢、吟诗作画、仙凡唱和。几乎完美再现了东汉《鲁灵光殿赋》中"胡人遥集于上楹……神仙岳岳于栋间……"的仙山情景。他们中有身穿儒服的"地仙"，有霓裳羽衣的歌姬，还有通灵的高僧高道。让人不辨，究竟是凡人扮作真仙，还是仙人降下凡间。

令人遗憾的是，玉山草堂里的枕中世界，在二十年后毁于元明换代时的战火，消失在历史深处。将元代的兴衰，尽收入那个黄粱梦里。

八仙的职业选择

从顾阿瑛的玉山梦里醒来，我们又将回眸那件元代青白釉透雕人物瓷枕。园林如放大的瓷枕，瓷枕亦如微缩的

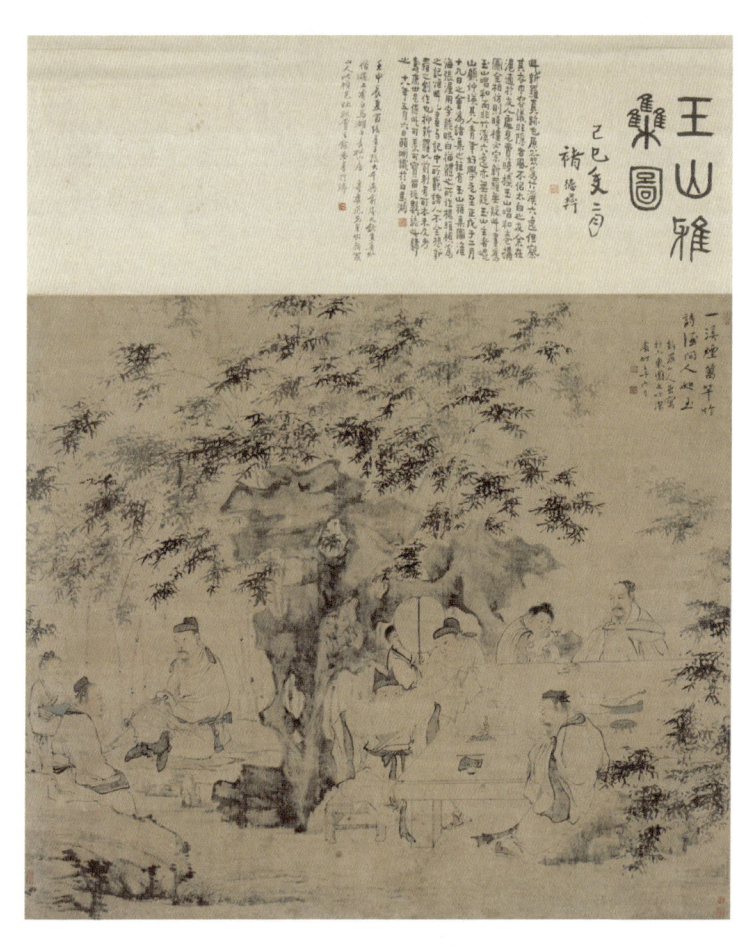

图 9.13　清华昂《玉山雅集图》。现藏台北故宫博物院。

玉山草堂。在宋徽宗的艮岳华阳宫里，按着余杭凤凰山的模样，造成无数福地洞天，却不能助他等来真仙的召唤。可随着艮岳残破，园中江湖奇石流散民间，倒将这阆阖俱向千门万户敞开来。

在宋金之交的那百余年中，原先北宋皇家推崇的上清派，被更面向大众的全真派所取代。前者通过符箓和繁复仪式召唤神灵（由演出者扮演）降真，让仪式赞助人（如君王）获得短暂"登仙"核心的体验，也为深陷宋、辽、夏、金、元交争的民众送去了更平民化的仙隐途径。原先严格审查成仙资格的"审核制"，变为了有缘可度、人人皆有机会的"抽签制"，仙凡之间的距离亦被大幅缩短。按元杂剧《吕洞宾度铁拐李岳》剧中的说法，便是"人人成仙，个个了道"。

从那件青白釉透雕人物瓷枕来看，主角似乎不是宫殿正中央的女神、男神，反而是四角勾栏回廊上两两相对的八位仙人形象，正好与著名的"八仙"吻合。按照赵翼《陔余丛考》的说法，我们今日流行的八仙，即为金、元时期全真教推崇的产物。而且以吕洞宾、钟离权为代表的八仙，正好对应了"男女老少富贵贫贱"八种不同的社会身份和职业标签。

下面我们可以一张表格简单呈现"八仙"的基本特征。

表 9.1 "八仙"基本特征

序号	姓名	身份	职业	法宝	年代
1	吕洞宾	男	儒生	宝剑	唐
2	何仙姑	女	小姐	荷花	唐
3	张果老	老	道士	渔鼓	唐
4	韩湘子	少	文士/乐师	箫	唐
5	曹国舅	富	皇亲国戚	云板	宋
6	钟离权	贵	将军	扇子	五代北宋
7	蓝采和	贫	逸士/杂剧伶人	竹篮	唐五代
8	铁拐李	贱	官吏/乞丐	葫芦	隋唐

从该表的内容可以清晰看出这样三个有趣的方面：第一，虽然八仙的确定时间较晚，在历史上有不同版本，但从这个最"广为流行"的版本看，"男女老少富贵贫贱"的分类，确实从性别、年龄、地位、财富等多个方面，最广泛地概括了社会各个类别。

第二，八仙在职业分布上颇具元代特色。按南宋遗民郑思肖《心史》所记，元代"一官二吏，三僧四道，五医六工，七猎八民（一作'七匠八娼'），九儒十丐"的社会等级观念来看，其与八仙的职业分布似有某种不谋而合。结合八仙中堪称主角的吕洞宾（儒生）故事来看——八仙中度化世人数量第一——或许是文学之士对这一排名无声的反抗。

第三，这个由"儒生、小姐、道士、文士/乐师、皇亲国戚、将军、逸士/杂剧伶人、官吏/乞丐"构成的组合似乎能让我们想起什么。比如，那个集官员、诗人、画家、和尚、道士、答失蛮、也里可温教徒，以及青楼女子等各色人等于一台的玉山雅集。而且在八仙的人员组成中，还真的有乐师和伶人，与他们搭配的法宝也有不少属于乐器范畴。在著名的《八仙过海》剧中，这些源自日常的器物担任了载送成仙者渡过"山下波涛滚滚"往来蓬莱与昆仑的工具，共同参演了一幕凡人登仙的元代道化剧（参图9.14）。

枕中记、黄粱梦，这个高度浓缩了元代社会分层的透雕人物瓷枕，为何能以"戏梦"的形式，将声震江南的玉山雅集浓缩于一体呢？还需要我们前往历史深处，寻找艺术的源头。

从陶壶到瓷枕

大家应该还记得第五章里，晋人葛洪在《神仙传·壶公》中描绘过的那只腹中"但见楼观五色，重门阁道，见公左右侍者数十人"，并有一个洞天世界的神壶，这样就

图 9.14 明成化—弘治"八仙过海"青花梅瓶，成都衣冠庙明墓出土。现藏四川博物院。

不会对这个青白釉瓷枕上精心雕镂的"祥云环绕楼台亭阁、玉宇琼楼景致"感到陌生了。毕竟，葛洪也是另一本讲述神仙缘起的《枕中书》（又名《元始上真众仙记》）的署名作者。

从东晋到宋、元，时间经过了八个多世纪，艺术的表现手法却只发生了有限的变化。而这些变化则来自隋唐时期佛教的兴盛。牛僧孺《玄怪录》中收入一则唐传奇《杜子春》，故事讲述了周、隋时富家子弟杜子春挥霍完家财后，遇到一个老道人入山修行，接受考验的事情。老人提示他，即将到来的将是"尊神、恶鬼、夜叉、猛兽、地狱，及君之亲属为所囚缚"的挑战——不管遭遇何种困境，都不能开口发声——完成挑战后，将有机会登入仙籍。

随后，老人退场，考验开始。杜子春环视庭院，"唯一巨瓮，满中贮水而已"。

杜子春成功完成了深陷敌阵、猛兽环伺、天灾降临、亲历地狱、夫妻分离、投胎受辱等七项挑战，但最终无法抗拒失去孩子的痛苦，出声哭泣，失去了登仙的机缘。相比之下，《黄粱梦》中吕洞宾所失去的"酒色财气"算是七项挑战的精简版本，可他却因对一双儿女放手，最后完成了挑战，获得仙籍。

研究者认为，唐传奇的《杜子春》故事（及与之相近的《韦自东》《萧洞玄》）源自玄奘《大唐西域记》中"烈士池及传说"一则，修道者同样因为开口说话而痛失修为。不过从故事场景特意提到的"唯一巨瓮"来看，这并非无意中被提及的普通陶瓮，而是故事得以发生的关键要素和场所。既然我们已经在第五章里谈到，"古人一般按照盛器口沿、颈、腹、底座的大小和长短划分壶、瓶、瓮、坛、罐等，但到具体器皿时，颈长一分便是瓶，短一分就成壶"，再短到没有了脖子，就成了瓮，那么壶与瓮之间的区别也没有那么绝对分明了。既然在神壶中能有"楼观五色，重门阁道"和各种人物事迹①，那么在巨瓮中也可以有"尊神、恶鬼、夜叉、猛兽……"

不能否认的是，来自古印度的"烈士池及传说"确实渗入了我们熟悉的壶天世界，丰富了原先费长房时代由猛虎、毒蛇和粪蛆组成的挑战列表，并通过其中核心的"轮回转世"观念，为求仙者敷衍出了一本完整的人生履历。从某种程度上讲，（一）接受命运的安排，（二）经受命运的挑战，（三）挑战成功 / 失败，这一基本模型几乎可以概括绝大部分元代神仙道化剧的演出程式。而吕洞宾的"四项挑战"或许更具时代特色，更符合当时儒家知识分子的处境。

也正因如此，宋元时代的工匠们完成了从陶壶向瓷枕的工艺转变（图 9.15）。借用葛洪《枕中书》的创意，来自景德镇的陶工们将青釉堆塑罐上的六层庑殿式楼台器盖（图 9.16）与下部素颜（象征仙岛本体的）器身分离，改造成了

---

① 从某种意义上讲，南戏《包待制判断盆儿鬼》，即讲述包公断案的《乌盆记》故事——为栖居陶盆中的灵魂申冤——或也同出一源。

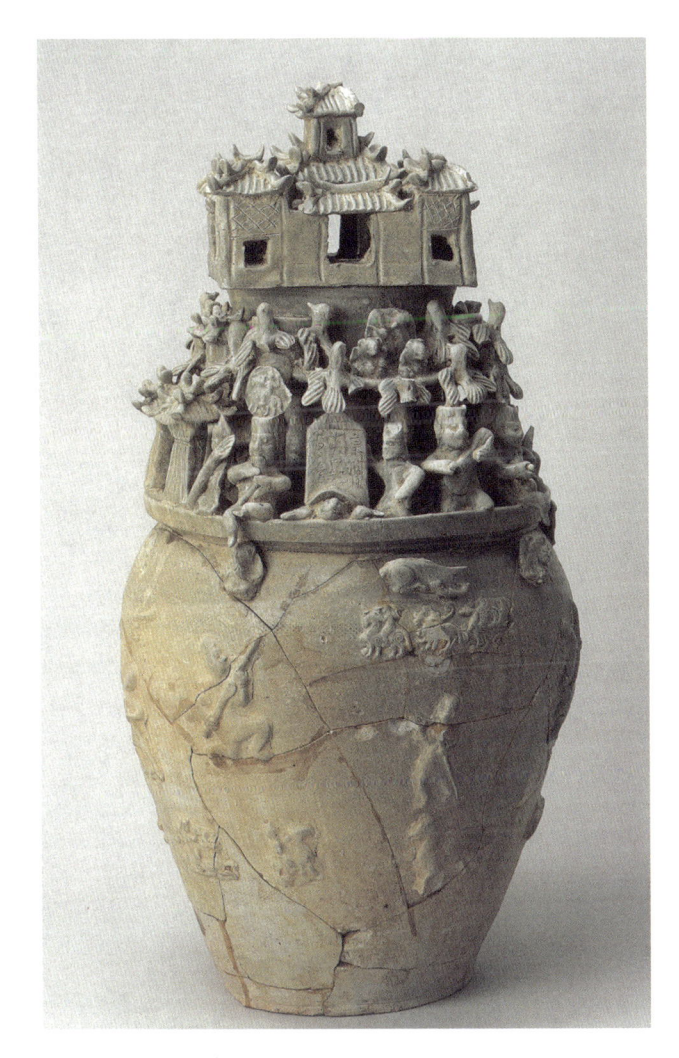

图 9.15　西晋青瓷谷仓罐。现藏江苏省吴县文物管理委员会。

图 9.16 元景德镇窑青花釉里红堆塑楼阁式谷仓,景德镇市出土。现藏江西省博物馆。

图 9.17 元磁州窑白地黑花人物故事图长方形枕,河北省磁县出土。现藏磁县文物保管所。

可供人们进入美妙梦境的釉透雕人物瓷枕。这也就是瓷枕类似于戏台的原因，它们本质上共享了同一个结构。而梦境本身则以杂剧人物故事的形式呈现出来，用诗意的方式展现了每个现实失意的普通人的登仙梦（图9.17）。

游园惊梦

一个青瓷枕竟能说出这么多故事，可见古人的想象力着实过人。究竟何人可登瀛？随着时代的变化，成仙的标准也在不断发生改变。从最早期的赳赳武士到汉代的王母先贤，从魏晋的洛水女神到"竹林七贤"，告别了唐明皇的月宫，就开始了八仙的狂欢。总体的趋势是，时代离我们越近，成仙的标准就越低，也越向普通民众发生倾斜。

然而，比起早先"魂归道山"的身后登仙，陷于人生苦短的金、元民众更热衷于肉身成道的现实世界。他们不但在自家的草堂、别墅建起小蓬莱、小方壶、小瀛洲，而且在这些人造景观中"饩馆声伎"，蓄起家乐声班，在自成天地的园林中"张筵设席，女乐杂沓"。凭借这种综合艺术形式，那些无法通过功名获得更高社会地位的人，在这里过起了亦凡亦仙的享乐生活，平复了内心的惆怅与失落。

那座最初只有西王母的昆仑/蓬莱仙山，现已向着普罗大众敞开了大门；青釉魂瓶盖上的"仙人好楼居"，也终于变成了真仙栖居的枕中宫殿。而那些"儒生、小姐、道士、文士／乐师、皇亲国戚、将军、逸士／杂剧伶人、官吏／乞丐"仿佛只需本色出演，就可以和那些重彩装扮的王母和仙女欢聚一堂——这种廉价且易复制的娱乐方式很快从北到南、从大都到江南一路风行。

在这场大型"真人扮演"游戏中，参与者将古老的成仙法则（经受挑战）与残酷的现实（饱受歧视）结合，制定出全新的游戏规则——率先放弃世俗生活者优先登仙——我们或者可以将其戏称为"比惨"竞赛。以吕洞宾的度化故事为例，当他依次放弃对"酒色财气"的诉求，甚至丧失了继续生活的勇气后，便大幅提升了成仙申请的中签概率，甚至锁定了一个"八仙"的创始会员资格。（同样地，当我们将《白蛇传》的原始版本视作一个正道修行与邪魔引诱的度化故事的话，也能还原出类似的结构。）

因此，每一个游戏的参与者，不再像过去那样，通过比赛大量敬献财富，而是按照"悲惨者优先"原则进行排位，竞逐成仙的资格。于是，这种颇具真实土壤和群众基础的艺术形式便在无意中形成了一种批判现实主义风格的文本——金、元杂剧。《黄粱梦》如此，《感天动地窦娥冤》

亦如此，只是前者在形式上保留了开头和结尾的"度化—登仙"的结构特征，而大量后期杂剧则从结构的束缚中完全挣脱，形成了自身独立的风格。但两者可以追溯到同一个起点。有关戏曲所反映的（神话/故事）叙事结构的深度讨论可见第十二章。

回到元代青白釉透雕人物瓷枕。如果说江南首富顾阿瑛可以在他位于昆山（或谓江南之"昆仑"）的私家园林中，用玉山草堂中的"小蓬莱"承载一座"真人扮演"的人间仙境，那么对于无数财力有限的普通人来说，则在一个齐聚了"八仙与王母"的人物瓷枕中，寄托了他们同样美好的黄粱梦（参图9.18、图9.19）。

既然聪明的元代曲家们已经找到了这个迅速成仙的山

图9.18　金白地黑花山水纹椭圆形枕，山西省长治市郊区山门出土。现藏长治博物馆。

图9.19　金白地黑花山水纹椭圆形枕枕面纹饰，注意画面中被小桥连接的（海）水中山岛，以及山中楼居景象。

中秘境,替更多的修仙者指明了一条人人可攀的终南捷径,那么是否真的有人依着法门,竟入壶中,开启一段亦真亦幻的游仙之旅呢?

第十章

《婉娈草堂图》与小昆山

陈继儒与董其昌

1597年的秋天，这是万历二十五年，时任翰林院编修的董其昌从南昌结束主考回乡。十月深秋，他一回到老家松江，就立即前往小昆山看望了一位老朋友。老友名叫陈继儒，十三年前和董其昌一起前往南京应考，考试结果不如人意，两人双双落败。

从那以后，董其昌与陈继儒的命运产生了无法切断的羁绊。陈继儒落第一年后，发表了一番放弃科举的宣言，并在万历十五年（1587年）隐居于松江小昆山之阴，从此开始了长达五十余年的"山人"生活。与他相反的是，屡战屡败的董其昌继续应试，并于万历十六年（1588年）三战中举"上岸"。又过了一年，高中进士，走上仕途。不过，山林和朝堂的距离并未阻隔两人的联系，同乡之谊、共赴考场的经历,以及对艺术的共同爱好,使他们结下半个世纪的缘分。

这一边,陈继儒在小昆山南麓建造了一处名为"乞花场"的书室,开始在此读书交友的生活。他一面编书印书,以此自给;一面将自己的爱好和天赋尽情释放,在诗文、书法、绘画、戏曲、小说等诸多领域屡有建树,自成一家。凭借此等才学,陈继儒非但没有退出"江湖",反而与王锡爵、王世贞等本乡入仕高官交友,屡屡出没于显宦之第,甚至拥有了"山中宰相"的雅号。

那一边,董其昌开启了从翰林到礼部尚书的仕宦之路。他不但利用在京之利寻求观赏、研习书画的机会,将年少时所学逐步提升,而且凭借官员与艺术家的双重身份,不断与江南藏家进行技艺与收藏上的交流。这些都使他在绘画上渐渐有了别开一面的积淀。

既爱书画,又通脾性,让两位朋友积累了超越时间的友谊。在陈继儒隐居之年,董其昌即画《山居图》赠之。他还在《画禅室随笔》中不止一次记录了与陈继儒的友情。万历二十四年(1596年)三四月间,董其昌在北京作《燕吴八景图册》,其中"《九峰招隐图》写好友陈继儒隐居九峰的幽深环境,烘托出他安贫乐道的高洁人格,也寄寓自

图 10.1　清张琦、项圣谟《尚友图》。现藏上海博物馆。画面中心左边穿红衣执手卷一端者为董其昌，执另一端者为陈继儒；陈继儒身后为画家项圣谟，另三人分别为李日华、鲁得之、释智舷。

己向往隐居的理想"。① 这年稍晚，董其昌又赴长沙封藩。官船行驶到池州时，董其昌翻看陈继儒赠他的《小昆山舟中读书图》，怀念起在故乡读书的情景，也作画回赠并题一诗："随雁过衡岳，冲鸥下洞庭。何如不出户，手把《离骚》

---

① 单国霖，《董其昌前期山水画再探》，董其昌书画艺术博物馆，2022-09-21。

经。"表达对老友居家生活的艳羡。

衡岳、洞庭之远,没有冲淡多年之谊。第二年深秋,董其昌一回到松江,便立即前往小昆山。因为十月时,陈继儒在朋友们的资助下,在小昆山西北坡新建了一座读书台,取名"婉娈草堂",源自葬于此地的晋代学者陆机的"婉娈昆山阴"诗句。想必是友情深厚,又或居间闲适,董其昌在告别时欣然为老友的新居画了一幅《婉娈草堂图》。

在之后的几十年中,董、陈二人交往益深(图10.1),互赠诗文、书画不断。据统计,包括《婉娈草堂图》在内,董其昌一生为其作画二十多幅。两人并持的"南北宗论"奠定了董氏在中国绘画理论界的绝高地位。随着由明入清,这幅《婉娈草堂图》也和董其昌的很多其他作品一道成为清宫御赏,多次留下了乾隆皇帝的印鉴和题跋,直到当代。

经历了流出内廷、跨海越洋,这幅记录了两位书画名家漫长友谊的作品在几个世纪后,终于回归公共领域。它不但引起了海外瞩目,也令国内学者盛赞,标志着一种全新风格的诞生,"开启了绘画史上可以称之为'董其昌时代'的契机"[①]。那么,这幅《婉娈草堂图》为何能在众多董其

---

① 石守谦,《董其昌〈婉娈草堂图〉及其革新画风》,《中央研究院历史语言研究所集刊》,第65本,第307页。

昌传世作品中脱颖而出，拥有如此独特的地位？让我们先回到明末的松江小昆山，一睹董玄宰的妙笔和婉娈草堂的真相。

《婉娈草堂图》

《婉娈草堂图》画面的主体是一座名不见经传的松江小山——小昆山——位列松江府九峰[①]之一，海拔54.3米。半山腰有一块平地，树林中露出房舍半边，便是陈继儒的婉娈草堂所在（图10.2）。

整幅画面分为三大块，即画面最下方的近景，以及画面中、后方，由左右对称的山崖构成的中景和远景。对于观者来说，近景处的水岸，是引领观者进山的入口；岸边的六棵松树和杂树组成的疏林，如同一扇屏风，既指明了入山的方向，又遮住了山中的秘密。顺着近景掩映的或明或暗的路径，观者的视线便来到了画面右侧的中景：垂直危崖下方，在树林中半遮半掩的婉娈草堂，和草堂前方相对开阔的平台。最后，在平台的对面，也就是画面的左侧，

[①] 松郡九峰一般认为是凤凰山、厍公山、佘山、辰山、薛山、机山、横山、天马山、小昆山。实际上还有北竿山、钟贾山、卢山，共十二座。

图 10.2　明董其昌《婉娈草堂图》轴。台北私人收藏。（感谢上海博物馆颜晓军先生赐图）

原本与近景相连的山体，被似云似雪的大片空白分隔。随着山石上树木（和前景六棵树相较）在比例上的缩小，使人顿觉辽远与高耸。它与对面草堂所在平台之间恰到好处的断崖，让观者坚信左侧远景的山脉高不可攀。加上山峰在画面边缘处戛然而止，更给人留下无限遐想，仿佛远接云天之上。

画面的空白处留下许多后人的题跋，其中三条为董其昌亲笔。第一条即为当时作画后所留下的："婉娈草堂图。丁酉十月，余自江右还，访仲醇于昆山读书台，写此为别。董其昌。"为我们确定了该图的名称。后两条则讲述了该画尚未完成，但两次因为赏析古画而忘记为其设色的遗憾。

然而，就是这样一幅还未完成的作品，却以其中所蕴含的独特"笔意"，成为董其昌绘画生涯的里程碑——在后人看来，"《婉娈草堂图》作为董氏画业中首见此'笔意'之作品，自有其重要意义"[①]。这里的笔意，指的便是"直皴"，这是一种董其昌从王维《江山雪霁图》中领悟的绘画技法。从中国山水画的角度讲，皴法是一种为山石、树木等景物渲染脉络、纹理的技法，有披麻皴、斧劈皴等十多种。而

---

① 《董其昌〈婉娈草堂图〉及其革新画风》，第319页。

这种由董其昌首创的直皴,简单来说,"即为平行而下的'直笔'"①,好比是现代素描中,用以体现物体阴影的密集平行线条。

在当代评论者看来,这些从古代绘画中创新性继承的"直笔"线条,就是董其昌绘画中最具标志性的"笔势"。正是对直皴之"势"的自信掌握,赋予了该画作独一无二的价值。"《婉娈草堂图》上由于那些具有清晰运动方向的直皴的作用,不仅使(画面最下方的)土坡的各方面显得含有饱满的动能,也使得整个坡面在各单元的连续之中产生斜向的动能……其树林中各树的形状……也由于那种似其山石皴擦的直笔的作用,更富有苍厚的动态力量……《婉娈草堂图》的中景奇岩则舍弃勾勒的廓线,代之以直皴,而经由直皴虚实变化的连续运作,产生一种与其周围山岩连成一气的动势。这个动势又经其上……坪顶的中继,配合坪顶左右峦头的轻度倾斜,以一个'S'形的扭转,到达上方浮出云上似来自《辋川图》前段的圆峰而停止。"②

从此,这种被称作直皴的渲染方式成为董其昌绘画的

---

① 《董其昌〈婉娈草堂图〉及其革新画风》,第317页。
② 同上书,第319—320页。

标志,一直延续到了他的晚年。当然,对于普通观者而言,"直皴"也好,"笔势"也罢,一时间殊难领会。但这并不妨碍我们和该作最著名的收藏者——乾隆帝(据统计他在半个世纪中共在该画上题跋二十二次之多)——一样,在欣赏作品的同时,表达对《婉娈草堂图》和董、陈二人友谊的赞美与羡慕。

　　　　草堂本自写昆山,真迹谁教落此间。
　　　　名相由来无定著,婉娈恰喜一般闲。
　　　　仲醇元宰交情厚,李氏郭家设色艰。
　　　　我独曹风忆彼美,楚骚一例咏丛菅。

　　　(该题诗在画面最左上角)

江南人住神仙地

从明中后期往前数一千两百多年,身居江东的东晋王羲之曾在一封写给会稽王司马昱的信中感叹,"以区区吴越经纬天下十分之九,不亡何待"。虽然王羲之的本意是强调江南物产不足以抗衡整个黄河流域,但这从另一个侧面也显示了吴越江南之地巨大的生产潜力。事实上,从南朝一直到南宋,数个南方政权的长期存在,也确实证明了人们可以通过有效的开发，在相当时段内实现以江南经纬另外十分之九的壮举。

　　江南的发展在这一千多年中大致经历了三个阶段。从魏晋南北朝到隋代，是为第一阶段，江南以其三面环水（两江与大海）的天然屏障，成为中原政治失利者最后的避风港湾。与黄河流域迥然不同的多孔石灰岩地貌，强化了它宛如被江海包围的孤悬山岛形象（图 10.3），加上此地古代原住民留下的独特风俗遗迹，共同构成了江南作为遗世仙境的第一重意象（图 10.4）。

　　隋唐至北宋，是为江南从遥远月宫走向人间的第二阶段。由于在这期间的若干次统一战争中，江南政权都依靠对局势的顺势判断，成功躲过了战乱的破坏，使得该地的人口与生产能力得以极大延续，并以此为基础逐步积累了巨大的财富。从之前若干个章节内容可见，江南所具有的异域性（统一前的异国）与猎奇感（各种奇珍异宝所出）双重属性，给包括隋炀帝、唐玄宗、宋徽宗在内的古代帝王，以及李白、白居易等文学家都留下极为深刻的印象。使之最终成为中国古代所有平面艺术（青绿山水画）和装置艺术（奇石、盆景、宫廷/私人园林）的灵感之源。

　　第三阶段则始于南宋，并由元明继承。当北方画家的视野南下进入江南的群山，他们就渐渐逼近了那个淮南王

图 10.3　明文徵明《金山图》，现藏台北故宫博物院。

图 10.4　明文伯仁《圆峤书屋图》卷，现藏台北故宫博物院。

留给汉武帝的"仙境"秘密——从身在江南之外的远观，变成了真正意义上的"身在此山中"。当然，尽管谜面与谜底之间只隔了薄薄一层窗户纸，但要将其真正捅破，却需要更多的时间与契机（图 10.5）。

图 10.5　明陆治《仙山玉洞图》轴。现藏台北故宫博物院。画作为宜兴著名石灰岩溶洞张公洞（又名庚桑洞）写景。

从元四家开始,江南地景便广泛出现于画家取景的视域之内。比如,黄公望的《富春山居图》《九峰雪霁图》,前者展现富春江畔的大岭峻秀,后者则首次完成了松郡九峰(小昆山即为九峰之一)的集体展现,为后来者提供了重要的创作思路。而浪迹太湖群峰的倪瓒也有《虞山林壑图》《枫落吴江图》等诸多以本地景致为蓝本的画作存世。如前章所见,这一以江南本身(而非名山大川)入画的原则,一方面源自南方文人被困江南的元代现实,另一方面这种现实也反过来强化了本地创作者安于富裕又自我放逐的仙境想象。

经历了元、明之际,继承这种"本土化"方向的明代吴门画派(苏州画家群体),在与浙派(杭州画家群体)的竞争中脱颖而出,成为时代的主流。他们一反浙派对前代院体画的追随,更坚定地表达了对本土山水的热爱。比如,吴门画家对苏州城南的石湖景致情有独钟,沈周、文徵明、唐寅等人都取景石湖,留下《茶磨屿图》(沈周)、《横塘图》《石湖图》(文徵明)、《越来溪图》《行春桥图》(唐寅)等诸多描绘姑苏山水的作品(皆收入《明贤姑苏十景册》)。最终通过唐伯虎之口,发出了"江南人住神仙地"①"江南人尽似

---

① 《江南四季歌》:江南人住神仙地,雪月风花分四季。满城旗队看迎春,又见鳌山烧火树。千门挂彩六街红,凤笙鼍鼓喧春风。歌童游女路南北,王孙公子河西东……

图 10.6 明唐寅《行春桥图》。现藏北京故宫博物院。请留意其中山、水、桥的组合特征，以及右侧山崖上相对开阔的平台。

神仙"[1]的最强宣言（图 10.6）。

江南人住神仙地，当这层梦境与现实中的薄纸终被捅穿，这晨钟暮鼓之音或许就在吴门画派衣钵传人、松江画派领袖董其昌心中荡起了无限的回响。

---

[1]《姑苏杂咏四首·其三》：江南人尽似神仙，四季看花过一年。赶早市都清早起，游山船直到山边。贫逢节令皆沽酒，富买时鲜不论钱。吏部门前石碑上，"苏州"两字指摩穿。

草堂本自写昆山

万历二十五年（1597年）的秋天，当董其昌兴冲冲地来到老友新筑的婉娈草堂，并欣然作图时，大概没有想到，这将要成为后人眼中他艺术生涯的重要里程碑。那么，先不谈画中首现的董氏直皴笔法，这座草堂也当有某种奇妙魔力，能让明代艺术大师获得实力上的巨大提升。

虽然婉娈草堂今已无存，但幸运的是，通过陈继儒之子陈梦莲所作《眉公府君年谱》的记载，其面貌尚存一些线索。只见草堂"依岗负壁，构堂五楹"，这五间房子组成的庭院门上有"榜曰婉娈草堂"。堂内有柱子，柱上有一副对联，"贤者而后乐此，众人何莫游斯"。屋壁上又有一联，"人间纷纷臭如帤，何不登山读我书"。两副对联都是董其昌所题。草堂边有两个水池，一曰藤萝池，一曰墨池。边上有一泓泉水，名叫"白驹泉"，"泉脉涓涓"，活水不断。周围则是"花阴竹筱，地不数武，遂为九峰名胜"。

作为画面中唯一的房屋形象，《婉娈草堂图》中心平台上半露出的房屋应该就是草堂所在。然而，如果说房屋旁的石壁与文献记载的"依岗负壁"尚有贴合之处，要将这寥寥数画的简笔房屋与"构堂五楹"对应起来，则多要依靠丰富的想象了。不过这不是重点所在，虽然该图以"婉娈草堂"命名，但从画面的三大块来看，重点并非以表现草堂为主，而是描绘了其所在的小昆山全貌。

那么问题也随之出现，小昆山只是一座海拔仅54.3米的低矮小丘，相当于今天一座不到二十层的楼房。固然在低海拔地区可以谓之"山"，但这与画面所表现的深山幽谷、内有洞天相比，实在相去甚远。以至于评论家也无法回避这一事实，不得不用"董其昌作《婉娈草堂图》时，确实曾在某种程度上以该地实景为基础，但却不在于就之做外表形似的追求，反而如他对古代风格的态度一样，做了转化的处理"①来做辩护，认为董氏的用意，并不在于"做形式上的模仿，而系纯在追求其'笔意'，此即可视为另一种'传神'"②。

其实，答案并不复杂。在这次小昆山相会二十多年后，董其昌出版了一本《画禅室随笔》，其中首次提出了他对后世画坛影响巨大的"南北宗论"。"禅家有南北二宗，唐时始分。画之南北二宗，亦唐时分也，但其人非南北耳。北宗则李思训父子，着色山水……南宗则王摩诘始用渲淡，一变钩斫之法……"翻译一下就是，中国山水画从唐代开

---

① 《董其昌〈婉娈草堂图〉及其革新画风》，第323页。
② 同上书，第325页。

图 10.7 唐李昭道（李思训子）《四明山图》。现藏台北故宫博物院。

始分为南北二宗,北宗鼻祖是李思训父子,特点是青绿山水(图10.7);南宗始祖是王维,特点是水墨山水。从今天的角度看,前者属于职业画家,追求的是形似;后者则是非职业画家,一般还兼有知识界的其他身份,所以作品又称"文人画"。既然是有更高社会地位的兼职画家,画得像不像就是其次的,只要"传神"就行。

回到《婉娈草堂图》,我们大可以直言,这幅画面真的很难帮我们重建明代的小昆山景致。可这又有什么关系呢?作为吴门画派的传人,董其昌早已尽得唐伯虎那句"江南人住神仙地"的真意。既然是神仙之地,自然变化万千,肉眼看它只是一个54.3米高的小丘,而打开悟道的心眼来看,这小昆山与真昆仑又有何区别。何况这山中住着的老友陈继儒,俨然实践着"一人一山"的行为艺术,留下一首"真人栖三山,群帝镇五岳。君居季孟问,九峰在掌握……"[1]将自己活成了画中真人本身,也将婉娈草堂融入了小昆山这个浑然天成的展演装置。

至于《婉娈草堂图》中首度出现的直皴技法,抛开"笔意""动势"之类玄虚的说法,从实景的角度更易于解释。对于万仞高山,自有"钩斫之法"用以展现山体多变,而

---

[1] 陈继儒,《题十峰图》,《眉公诗抄》(卷二)。

对于数十米高的小丘，即便动用丰富想象，也难以敷衍出复杂的岩石纹理。既然如此，画家也只能用"平行而下的'直笔'"涂满平滑的土石，未承想，竟因此开创了一种风格。话说回来，这一艺术创造倒远比寥寥数画的简笔草堂更为"写实"，并延续到了董其昌后期大量画作中。

因为在他之后的《佘山游境图》(图 10.8)、《东佘山居图》、《钟贾山阴望平原村景图》、《昆山道中图》扇页等许多作品中，都有着与之相似的"化小昆山为三山五岳，藏山人于真昆仑"的创作理念。当董其昌将家乡松江的佘山、钟贾山等低矮丘陵一一画入昆仑仙境，怎少得了直皴笔法的巧妙再造。而正是这种"江南人尽似神仙"的自信认知，终使得董其昌将前代画家对江南的远观，画入了陈继儒式的山、人合一，也留给未来观赏者乾隆帝"草堂本自写昆山，真迹谁教落此间"——直将昆山比昆仑的神奇体验。

通过比较《圆明园山水楼阁图》(图 10.9) 与《婉娈草堂图》、唐寅《行春桥图》的构图特征，即右方山体中部相对开阔的平台的相似之处，或许能让我们更切实地感受到董氏在中国绘画史上的承上启下作用：后有圆明园景，前有西王母座（参图 2.5）。

图 10.8　明董其昌《佘山游境图》。现藏北京故宫博物院。

264 / 博物馆里的极简中国史：文明的碎片

图 10.9　清陈枚《圆明园山水楼阁图册》(之六)。现藏北京故宫博物院。可留意画面左上方池中洗象情景。

从虚拟现实到真山真水

如何进入仙境，是一个古老的问题。有人造香炉，有人建高楼，有人攒奇石，有人叠园林，还有的人希望借助陶壶、铜镜、瓷枕、画像砖，在生前或彼世、癫狂或梦境中获得一些可能的仙境体验。但对中国画家来说，还有最方便的捷径——把自己融入山水仙境。

从这个角度来讲，董其昌与陈继儒显然不是这个领域的第一人。因为早在一千一百多年前的南朝刘宋时，就有一位名叫宗炳的荆州画家，"好山水，爱远游，西陟荆巫，南登衡岳"。按《宋书·隐逸传》的说法，他在年老后回到故乡，感慨自己行动不便，不能再度体验真实的自然风光，于是把一生所见的风景名胜都画了下来，挂满了房间四壁，觉得在屋中抚琴，也能得到群山回唱。他把这种自己独创的沉浸式体验称作"澄怀观道，卧以游之"。后来，这种体验就被中国画家们代代相承，并简称为"卧游"。

除了个人实践外，宗炳还把"卧游"上升到了非同一般的理论高度。他留下一篇《画山水序》，算是中国绘画史上第一篇山水画论。文中提到，画家热衷摹画山水，是因为名山是先贤隐士的居所，画山水画是与圣人贤者相通的一种途径。通过纸张和画笔，就能将昆仑山尽收眼底，"昆阆之行，可围于方寸之内"，按照这个逻辑，"则嵩、华之秀，玄牝之灵，皆可得之于一图矣"。山水画也因此变成了一种缩地千里的魔法实践，把连片的山水挂满自己的房间，便获得了"人在画中，亦在山中"的虚拟现实体验。

宗炳提出的"卧游"理论在之后的千年中大获成功，甚至影响到了人们的生活方式。比如，南宋画家留下的《槐荫消夏图》（图 10.10）中，一高士袒胸赤足，卧于矮榻之上，消夏于一棵大槐树荫下。旁置条案，罗列香炉、烛台、书

图 10.10　宋佚名（签题王齐翰作）《槐荫消夏图》。现藏北京故宫博物院。

卷纸砚。特别值得关注的是，他头对一幅屏风，上面绘有"雪景寒林图"，无疑也为夏日炎炎贡献几分凉意。高士卧榻，想象自己如游雪山，以此来对抗暑热，可谓一次完全遵照字面意义、形神兼备的"卧游"。

用屏风将自己围在中间，利用屏风上的山水画作，既能在方寸之间实现"昆阆之行"，尽得"嵩、华之秀，玄牝之灵"，也能实现与仙人、道友的跨时空接触。在元代画家刘贯道的《消夏图》（图 10.11）中，袒胸露足的文士身侧有一屏风，上面画着一个与他方向相对的老者同样坐于榻上，背后还有一幅画着"江阁远眺图"的屏风。细看之下，边上侍女手中长柄扇面也是一幅山水画。于是，这一场景，通过屏风的"画中画"功能，为卧游的实践者们打开了一道穿越时空、进入仙境的玄妙之门。

图 10.11　元刘贯道《消夏图》。现藏纳尔逊－阿特金斯艺术博物馆。

由此可见，作为卧游体验的重要道具，山水画具有了艺术表现之外的仪式内涵，并使得"绘制山水画"与"观赏山水画"这两种具体的行为也兼备了某种超自然功能。然而，通过陈列、徜徉于山水画作（屏风）之间获得的虚拟现实，终究敌不过实景山水所提供的更逼真的感官体验，哪怕只是一座54.3米高的低矮小丘。

当终于意识到"江南≡神仙地"这一终极等式后，画下《婉娈草堂图》的董其昌与隐居小昆山五十余年的陈继儒便联手完成了一次中国古人体验仙境的维度提升。从这个意义上讲，这一故事的主角并非董其昌，而是陈继儒才对。

心中有昆仑，处处是昆山

心中有昆仑，处处是昆山。董其昌与陈继儒绵延半个多世纪的友情，构筑起了婉娈草堂跨越时空的神仙故事，也为我们有关中国仙境探索的结论部分，提供了一段颇有人情味的导语。

从秦汉时代开始，长江以南的广袤区域便以一种与中原世界若即若离的联系，成为古人精神世界中异域感的重要源头之一。随着时间的推移，江南便以三个独特的因素坐实了"人间仙境"的地位。第一，被江、海环绕的天然

图 10.12　明董其昌《昆山道中》扇面。现藏上海博物馆。

位置与自然屏障，使之成为古代政治失利者最后的避风港湾。第二，优厚自然条件所造就的罕见的经济成就——一个人间繁华、样样不缺的物质天堂——增添了江南独特的地域魅力。第三，与都市镶嵌，紧密相伴的山水环境。这三者缺一不可，使得江南成为事实上的仙境本境。

当然，这一种认知的建立有着颇为漫长的过程。虽然刘安的《淮南子》中多少保留了南方百越文化熏染的痕迹，但有关昆仑的描述，依旧使人们在寻找这座仙山的所在时，遇到了无数的困难。而随着吴、晋及南朝长达数百年的探索，江南终于从高处不胜寒的广寒宫殿变成了富庶、熙攘的"人间天堂"，并通过"地理标志"的方式绑定了昆山（昆仑）/小昆山的知识产权（图 10.12）。值得注意的是，相比"昆山"（定名于南朝梁）的较高知名度，其东南方向的"太仓"（定名于北宋）得名较晚，但两者之间其实构成了一种"天堂舆图学"的关系（见第十二章），使得约定俗成的"上有天堂，下有苏杭"①拥有了超过字面意义的所指。

对于中原地区的古代居民而言，上至君王，下至百姓，都尝试以自己的方式，获得这种极致的异域体验。于是，便有了石祠、造园、赏石，以及绘制山水画等一系列操作。如果说汉武帝、隋炀帝、宋徽宗可以通过皇家园林，为自己兴建一个极富江南特征的大型微缩景观游乐园，那么普通人则更多借助山水画（屏风）一类装饰艺术，将自己围在其中，得到被称为"卧游"的简易、低配版本。

时间来到明代，经过唐代至元代几个世纪的开发，江南在山水依旧的前提下，进一步巩固了自身经济、文化上的成就，使本地的生活水平达到历史新高，还拥有了"拟于王侯"的物质水准。以吴门画派诸家为代表的江南文人开始反思"成仙"的本质：一是舒适而亲近自然的生活环境，二是极丰富的物质条件。过去，人们只能在梦境中畅想神仙般的日子，并将其赋予遥远的仙山。现在，江南的人们

---

① 北宋范成大《吴郡志》。

发现，这个仙境就在人间，而且就是自己生活的山山水水。[①]

既然梦想已经照进现实，与其像前人一样寻寻觅觅，不如让自己结庐在（小）昆山。作为松江画派的两位领军人物，陈继儒与董其昌便以合作方式完成了这场先锋艺术的试验。不同于巢父、许由、陶渊明、林和靖这些真正意义上的隐居者，陈继儒的婉娈草堂实际上具有低矮易攀、与府城相去不远两个特点，这为他成为"山中宰相"提供了十足的便利。然而，正如董其昌通过独创的直皴技法在《婉娈草堂图》中所传递的那样：此处就是昆山，画中就是昆仑阆苑，不论小昆山还是真昆山，并不在其大小、高矮，而在心意。因为他们已经明白，古人去天涯海角苦苦寻觅的仙境就在江南，心中有昆仑，处处是昆山，为观者留下"草堂本自写昆山"的无尽禅意。

书到此处，我们已经不用再去纠结《婉娈草堂图》是形似还是神似，陈、董两位古人已经找到了他们心中的昆仑，一切已经不再重要。不仅如此，如前所述，仙境并非一成不变，它可能坐落在矮丘陵之上，留影于画面之内，也可能利用全息投影的原理，存在于另一个拓扑宇宙之中。

[①] 秦晓磊，《江南人住神仙地：16 世纪吴门绘画对仙山图像的借鉴与转化》，《文艺研究》，2022 年第 8 期。

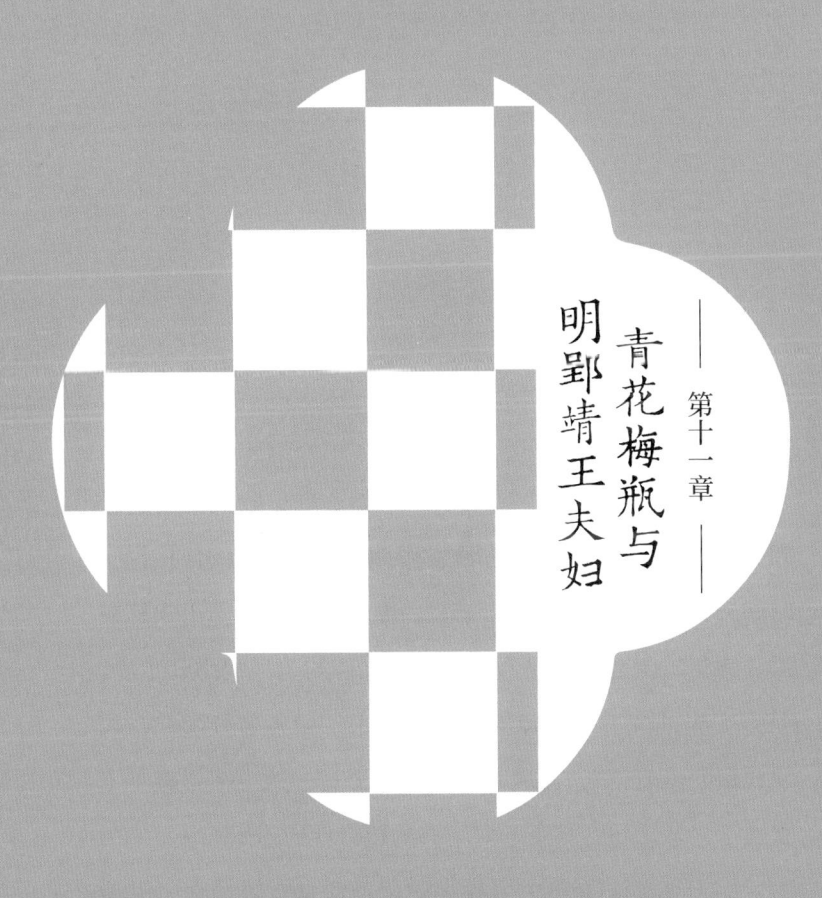

第十一章 青花梅瓶与明郢靖王夫妇

郢靖王夫妇的爱情

在这个关于拓扑宇宙的故事开始之前，我们需要把时间线从董、陈两位老友的明朝后期往前推回至明朝前期。时间来到1414年，这年十一月，湖北安陆的明郢王朱栋去世，终年二十七岁。虽然岁数要比在位的明成祖小几十岁，但由于他是太祖朱元璋的第二十四子，兄弟名分尚在，朱棣"辍朝十五日"，以表哀悼，并赐谥号曰靖，于是就有了郢靖王之名。与郢靖王一同下葬的还有他的王妃郭氏。

关于郢靖王，历史文献中的记录非常有限，除了讲他是比朱棣小许多岁的兄弟，一直住在南京，直到二十岁前往封地就藩，曾派军士在王府附近开荒外，几乎就没有其他的事迹留下。郢靖王平平无奇的人生甚至不如他有姓无名的妻子来得详细。按照《兴都志》的记载，郭王妃是朱元璋时功臣郭英的女儿。她在朱栋去世后不久,痛哭不已:"贤王舍我以去,我寡而无子,尚谁恃邪?"在她追忆完自己与郢靖王爱情甚笃、相敬如宾的岁月后,终于决定不再独自生存,要与丈夫死而同穴。

这位颇具绘画天赋的郭王妃下定必死决心后,整理装束,对着镜子画下了自己的肖像,嘱咐宫女留给三个女儿,让她们长大后能记得自己的容貌。说完这些,她就安然自尽。文献最后提到,"朝廷闻而贤之,恤典加厚"。

由于郢靖王夫妇只留下三个女儿,在他们入葬的若干年后,王府与封国被转授给了其他晚辈藩王。按理说,他们短暂也无波澜的人生,应该连同他们不忍拆散的爱情一道,藏入湖北钟祥的明郢靖王墓中,从此埋入历史深处。没承想,他们的爱情故事竟然在沉寂近六个世纪之后,经受了极其重大的挑战。

2005年年底至翌年年初,由于多次遭遇盗掘风险,湖北文物考古部门对郢靖王墓进行了抢救性发掘。发掘的结果在解开诸多问题的同时,也让研究者产生不少疑惑。考古发掘证实,郢靖王墓确实是郢王与王妃的合葬墓。"而在郢靖王墓中共发现八具棺柩,后室宝床上两具,东配室三具,西配室三具。后室宝床上的两具棺柩,从方位和随葬器物上可以判断,东部为郢靖王的棺柩,西边的是王妃郭氏的棺椁……在东、西配室的六具棺椁中，安放的……应该是郢靖王的生前侍女。"① 而从侍女的牙齿来看，她们去世时的年龄还很幼小，并非出于自然死亡。这也为王妃因爱殉情之说蒙上了一层神秘面纱。

有幸未遭盗掘，使得郢靖王墓中随葬品基本保存。虽然墓中出土了大量金器、银器、铜器、玉石器、漆木器，甚至水晶山子、玛瑙龙兽、端砚、歙砚等珍玩和文具，但真正给人留下深刻印象的却是八件瓷瓶，分别是四件梅瓶、四件龙泉青瓷瓶，数量上正好与墓中所葬八人对应。据记载，"在郢靖王和王妃的棺椁头前地面上，分别放置青花龙纹梅瓶和青花四爱图梅瓶。在东配室和西配室发现龙泉青瓷瓶四件、青瓷梅瓶一件、白瓷梅瓶一件"（图 11.1）②。

八件瓷瓶造型相仿，只是郢靖王与王妃头前的图案精美，而配室内的基本为素面。但可以肯定，是按照一人一瓶的规格对应摆放。从这个角度讲，在生死面前，确实实现了主仆之间的人人平等。不过，饶是如此，文物专家们却偏偏根据器物的造型、胎质、釉色、纹饰图案等特征，"推

---

① 湖北省文物考古研究所，荆门市博物馆，钟祥市博物馆编，《郢靖王墓》，文物出版社，2016 年，第 210—211 页。
② 同上书，第 212 页。

第十一章 青花梅瓶与明郢靖王夫妇 / 277

图 11.1　明郢靖王墓后室宝床之外随葬器物出土场景。

断其是元代末期景德镇生产的青花梅瓶"[①],并且依其稀有性和市场类似藏品价格,估算了郢靖王夫妇棺柩前这对青花龙纹梅瓶和青花四爱图梅瓶的价值或以亿元计。这样,便硬生生地将原本已经归于同一起跑线的八位逝者分成了两个不同阶级。

既然如此,为了解开郢靖王墓中浮现的种种扑朔迷离,也为了解开郢王妃殉情谜团,我们就先从这对青花梅瓶留下的线索开始入手。

明墓中的元青花

按照郢靖王墓发掘报告的描述,郢王头前的青花龙纹梅瓶,因其器腹部绘有一条翻腾飞舞的青龙而得名(图11.2)。只见"龙首昂起,张牙舞爪,蜿蜒飞腾于祥云之间……在龙体的弯曲处,点缀云纹。云纹的造型有飘带状云纹和灵芝状的祥云纹"。[②] 在龙纹上方的梅瓶肩部有两层装饰纹样,分别是覆莲纹和缠枝西番莲花纹,覆莲纹的莲瓣内绘有杂宝图案。与之对应,在龙纹下方的下腹部位置也有一

[①]《郢靖王墓》,第213页。
[②] 同上书,第145页。

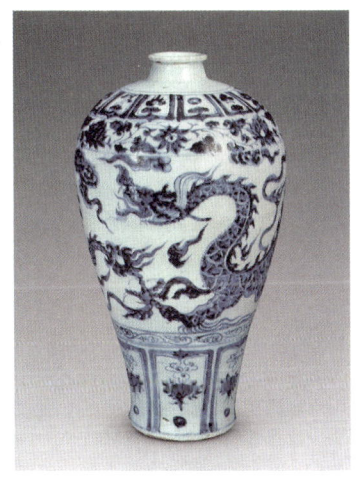

图 11.2　明郢靖王墓后室宝床之外随葬青花龙纹梅瓶。

圈莲瓣纹饰带。

　　相比之下，更受到关注的是郢王妃头前这只青花四爱图梅瓶。其肩部为凤穿牡丹纹，下腹部为莲瓣纹。因其器腹上的四个海棠形开光内分别绘有《王羲之爱兰图》《陶渊明爱菊图》《周敦颐爱莲图》及《林和靖爱梅鹤图》，故得名"四爱图梅瓶"。

　　《王羲之爱兰图》（图 11.3）中，东晋书法家王羲之袒胸露腹，敞怀至肩，盘腿席地而坐，仿佛他当年在东床袒腹一般。他左手抬起，似用拇指和小指指着前方一盆花卉，正在欣赏。这盆花草叶片窄瘦，蝴蝶状的花朵纷纷绽放，

图 11.3 明郢靖王墓后室宝床之外随葬青花四爱图梅瓶（之一、之二）。

图 11.4 明郢靖王墓后室宝床之外随葬青花四爱图梅瓶（之三、之四）。

应是一盆兰花。王羲之背后有一书童捧书卷立于一棵梧桐树下，也随他目光聚焦兰花，啧啧连声。这一切好似就发生在举办过修禊盛事的山阴兰亭。

《陶渊明爱菊图》（图11.3）中，手持一根长手杖的东晋诗人陶渊明行走在一棵大柳树下，"五柳先生"头上无冠，身着花衣长袍，正在回首观望。他的身后有一侍童捧着一只类似玉壶春瓶的容器，里面正插着一束菊花。侍童的身后则有半露出的岩石，上面生有小花小草。这玉瓶盛菊、远眺山石的情形，与陶渊明诗中"采菊东篱下，悠然见南山"的文字非常契合。在方寸之间再现了古人的诗情画意。

《周敦颐爱莲图》（图11.4）中，也有两人立于莲塘之畔，聚精会神地观赏池中莲花。一位就是立于柳树之下，头戴冠帽，外穿对襟长袍，手持拂尘的北宋学者周敦颐，正欣赏着池中或已盛开或含苞待放的朵朵莲花。另一位则是他身后身穿花衣长袍的书童，他腋挟一把古琴，正要伺候主人在池边坐下，一边抚琴，一边在这虔州莲池边创作千古名篇《爱莲说》。

《林和靖爱梅鹤图》（图11.4）中，北宋隐者林和靖坐在一块大岩石上，上裹头巾，身穿宽袍，左脚伸出，右脚盘踞岩石之上，手持一根长杖。他头顶一株虬曲的梅树，枝头梅花朵朵绽放，正在凝视着前方一只单腿站立、振翅起舞的仙鹤,身边两侧则有太湖石般奇石怪岩烘托画面。林和靖一图中虽然没有如前几幅出现童子或侍者,但是结合他在杭州西湖小孤山隐逸遁世,"以梅为妻,以鹤为子"的事迹来看,画中出现的仙鹤与梅花其实已经化身为他的童子与爱慕对象。

四位古人,四段高逸隐者的故事,在这四幅画中重现。画面故事情节与关键要素高度浓缩,简直就是为了方便观者一眼就能看出故事的主人公与他们的事迹。古有"竹林七贤与荣启期"砖画与(南朝)宋孝武帝陵墓相伴,又有画家宗炳提出"卧游"理念,将山水与人融为一体,而这郢靖王墓室中,既无壁画也无屏风,有的只是这对青花梅瓶。那么这条青龙又是如何载着郢王夫妇的魂魄,前往这四位古人隐居的秘境,还需要我们继续进入一个全新的世界。

元青花的秘密

青花瓷是元朝留给后来者的一笔重要财富。当然,这份财富其实包括在一份更丰富的早期"全球"视野的遗产之内。建立元朝的蒙古帝国是有史以来领土最大的国家,它在很多时候需要利用物质赏赐来维系域内各领地之间的联系,尤其是西北藩国。在这些西北诸王中,元朝与西亚伊儿汗国之间关系最为密切，友好关系贯彻元朝始终，元朝赐予伊儿汗国的大量礼物中就包括了大量赐赉瓷。①

作为这场礼物交换仪式的发起人，元朝自然将这项制瓷重任交给了位于江西景德镇的中国瓷业中心。首先，为了满足西北诸王的审美品位，中国工匠们采用了一种原产自伊朗地区、名为"苏麻离青"的氧化钴釉料，使瓷器表面的复杂纹饰呈现出深蓝色泽，使之拥有了"元青花"的名称。其次，考虑到受赠方的使用习惯，在器物类型上又开发出许多中国本土所罕见的大盘、大碗和大罐造型。据统计，在现存元青花瓷器中，罐、盘、梅瓶和玉壶春瓶的数量远超其他种类，是元青花的四大主要类型，而其中仅梅瓶和玉壶春瓶在中国本土较为常见。

不过，真正让收藏者着迷、留下深刻印象的，却非元青花的色泽和器形，而是青花大盘、大碗上那种构图布局严谨、纹饰层次丰富、连续而致密的装饰纹样（图11.5、图11.6）。从构图上看，纹样往往以盘心图案为圆心，围绕其边沿、外壁按多重同心圆结构层层生长，并按照二方连续的形式，以环形构图展开，给人一种秩序和层次的美感。

---

① 刘新园，《元文宗——图帖睦尔时代之官窑瓷器考》，《文物》，2001年第11期。

图 11.5　元青地白花凤凰穿花纹菱口盘。现藏伊朗国家博物馆。

从装饰纹样上看,盘心图案通常以植物、人物故事等纹饰为主,围绕其展开的边沿、外壁上,则多装饰以凤纹、麒麟纹、莲瓣纹等花纹。这些结构严谨、仿佛遵循某种统一标准的装饰风格,构成了青花瓷器的独特气质。

为何造型各异,有的凸起(壶),有的平展(盘),有

图 11.6　元青地白莲池水禽纹菱口盘。现藏伊朗国家博物馆。

的内陷（碗），纹饰却有某种结构上的一致性？谜底就在元朝与西北诸王间的交集——梅瓶——之中。当我们将平面艺术重置到立体空间时，答案就自然浮现了。请把白底青釉的梅瓶想象成一个悬空放置的透明的类似玻璃瓶的物体，在其正中心的高处悬挂着一盏白炽灯。这时，梅瓶表面，从肩部到下腹部的多个同心圆结构，就自然投影到了下方的平面上。如果下方放着近圆形大盘，图案就覆盖到盘子内壁的表面；如果放着更加内凹的大碗，图案同样可以通过拉伸，伸展覆盖于碗壁内部。当然，这种投影（涂装）方式其实也适用于其他立体器物甚至不规则的表面，比如玉壶春瓶，使之拥有类似青花梅瓶的基本纹饰。

从技术上讲，这种平面投影原理在艺术之外的一个应用就是：等高线图。当我们将起伏山脉按海拔高度垂直投影在平面上时，就会呈现这样的二维图像。图 11.7 是图 7.14 "摇钱树陶树座与瑞兽葡萄镜之投影关系图"的延伸版本，扩大了平面投影技术（图 11.8）的适用范围。这项技术既可以呈现突出地表的山脉，也可以呈现陷入地表之下的坑洞。将这些图像投诸器物层面时，就构成了梅瓶（图 11.9）、壶、罐、盘、碗的具体纹饰。顺着这个思路，也有助于我们将表面圆滑的器物进一步还原成博山炉型立体峰林的神山原型。

回到元青花当中，可以说，正是这种迷人的围绕中心图案的多重同心圆构图，激起了大航海时代以后，西方世界对中国瓷器的热情。对这一深蓝色装饰的迷恋，促成了包括克拉克瓷、纹章瓷在内诸多中国外销瓷远销海外，不但从更多元的维度夯实了江南的富裕，也将这种关于仙境

图 11.8 唐瑞兽葡萄纹铜镜。现藏中国国家博物馆。

图 11.9 明青花携琴访友图梅瓶（瓶口俯视图，器身正视图见图 11.13），广西桂林市东郊明靖江安肃王夫妇合葬墓出土。现藏桂林博物馆。可比较其与上图铜镜内圈图像的结构相似性。

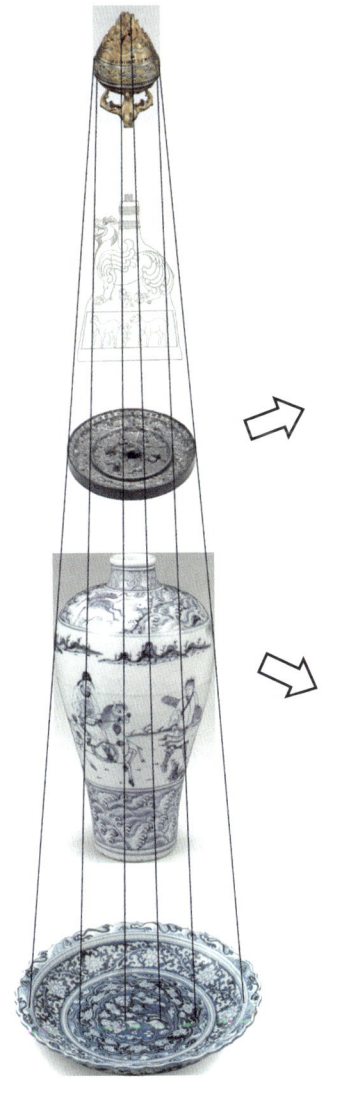

图 11.7 博山炉山体与梅瓶、瓷盘之投影构图关系示意图。

的古老中式美学传播至大洋彼岸。

壶中昆仑

　　梅瓶纹饰与瓷盘、瓷碗的共同起源，揭示了元青花的魅力所在，同时也从文化层面揭示了另一个问题的谜底：现存元青花器物绝大部分都收藏于西亚等地，仅少部分为中国墓葬、窖藏发掘，比如郢靖王墓中的一对。青花梅瓶作为魂瓶的元代新形式，对熟悉其内涵的本土文化实践者来说，完全不会进入在世者的活动领域；它们连同其他相似纹饰的青花瓷器一道，都因这一特殊用途而被收入另册。

　　当然，对于海外受赠者来说不受此限。而且还存在另一种可能，收藏在土耳其、伊朗、印度等国宫殿或博物馆内的元青花瓷器，原本源于元朝对伊儿汗国合赞汗、完者都汗及不塞因汗等汗王薨殁后的赏赐陪葬。只不过这些赐赉瓷被当地人以实用品的方式保留了下来。尤其是这些元青花的烧造时间被鉴定为 1328 年至 1335 年[①]，与诸王在位时间相合。

---

① 刘新园，《元文宗——图帖睦尔时代之官窑瓷器考》，《文物》，2001 年第 11 期。

其实，早在许多年前，郢靖王墓的发掘者和整理者就已经超前提出了这一观点，"这种棺柩前和随葬瓷瓶现象，有可能是作为招魂之用的魂瓶"[①]。只是，他们未将这一观点进一步深入讨论，进入艺术领域，即以梅瓶为代表的元青花瓷器在当时都不是日常实用器，而是专供随葬，并因此延续了中国自古以来的神山意象。

郢靖王墓中这对景德镇所造青花梅瓶的确延续了吴、（东）晋以来华南魂瓶（见第三章）的基本造型，器身构图则继承了宋、元磁州窑（图 11.10）、吉州窑成熟的釉下彩工艺，只不过由于"苏麻离青"氧化钴釉料的引入，将这两种类型结合，产生了一种全新的艺术品。首先，磁、吉二窑中原本色泽暗淡、线条洇漶的釉下黑彩（图 11.11），变成了发色稳定、色彩对比鲜明、毫发毕现的釉上蓝彩；其次，原先耸立在魂瓶器盖上缺乏辨识度的立体堆塑楼阙、人物（图 11.12），变成了青花梅瓶腹部开光中具体的故事人物（图 11.13）。一种全新改良，且工艺流程更趋简便、工业化的魂瓶就此诞生。

在郢王妃头前四爱图梅瓶中，其下腹部的莲瓣纹，按《华严经》的内容，代表着彼岸世界的大莲花，名为"摩尼

[①]《郢靖王墓》，第 213 页。

图 11.10 元磁州窑白地黑花开光人物花卉纹罐。现藏上海博物馆。

图 11.11 宋褐彩人物梅瓶，广东省佛山澜石墓葬出土。现藏广东省博物馆。

图 11.12 西晋青瓷谷仓罐，浙江省嵊州市石璜镇堰底村泰康八年墓出土。现藏浙江省嵊州市文物管理委员会。

图 11.13 明青花携琴访友图梅瓶。

王莲华",这朵硕大无朋的莲花浮在"无边妙华光香水海"上,托举着这个世界①。因此,元青花中的莲瓣纹实际上就等同于早期魂瓶下腹部的海水及水族堆塑图案。位于莲瓣之上的,自然就是佛教须弥山与中国本土昆仑、蓬莱仙山的混合体,而环绕器腹开光的环形缠枝纹和云纹,则用以象征山势的陡峭难攀和高耸入云。经过这些艰难险阻之后,有缘人的灵魂终于可以进入器腹开光位置,由四位隐士主持的"世外桃源"。

对于陶渊明、周敦颐、林和靖的事迹,都无异议,但曾经有研究者提出,"王羲之爱兰"画面主角应为"黄庭坚爱兰"②,因为黄庭坚留下过比德于兰的名篇《书幽芳亭》一文,为王羲之所无。而事实上,以隐士与其隐居地的对应关系来看,王羲之正因为具有兰亭修禊的事迹,对应了兰亭这一场所(如同七贤与竹林的固定搭配),而拥有了与陶渊明之桃花源、周敦颐之虔州莲池、林和靖之西湖小孤山一样具体的物理空间,成为有着共同特征的归隐地主人。

---

① 《华严经》第九卷·华藏世界品第五之二:"此无边妙华光香水海东,次有香水海,名:离垢焰藏;出大莲华,名:一切香摩尼王妙庄严;有世界种而住其上,名:遍照刹旋,以菩萨行吼音为体。"(译文:在无边妙华光香水海的东方,有一个香水海,名为离垢焰藏香水海。在这个香水海中绽开着一朵大莲华,名为一切香摩尼王妙庄严大莲华,有遍照刹旋世界种安住在莲华上,这个世界种是以菩萨行吼音为本体。)

② 崔鹏,周浩,《元青花四爱图梅瓶纹饰研究》,《江汉考古》,2016年第3期。

这一场景—人物关系可以追溯到武梁祠石刻的表现手法，即为故去的登仙者预备一个富贵以上、圣人未满的隐逸的地仙之境。

既然说到了武梁祠的形式，我们也不会忘记其中对昆仑结构的模仿——石刻三角形顶部象征着西王母之所的昆仑山顶——那么在梅瓶肩部装饰的凤穿牡丹纹自然就代表着上面是比瓶肩更高处的山顶，在那里是位于广寒天宫的西王母之玄圃。

至于边上郢王头前的青花龙纹梅瓶，只是进入昆仑山中桃源的一个承载工具，它是汉武帝时的天马、曹操与曹植的六龙、进入月宫的渡桥，也是艮岳中的祥龙石，它搭载着由莲瓣上杂宝所隐喻的贫富贵贱、男女老幼，一同进入那个永恒世界。它与四爱图梅瓶并列，大概是为了符合夫妇合葬的需求。而在明代中后期的青花制品中，随着更直接的海水纹替代了莲瓣纹的位置，它便以龙纹、天马或瑞兽的形象，出现于器物的显著位置（图11.14、图11.15），体现更简明直接的叙事结构。

壶形宇宙

虽然我们早已在第五章中见识过壶天世界的内外造型，

图 11.14　明青花海水瑞兽纹罐（之一）。现藏大都会艺术博物馆。　图 11.15　明青花海水瑞兽纹罐（之二）。

但它现在将以一种全新的形式——纵剖图——展现其充满想象的内在空间。接下来，我们即将通过这个壶形宇宙的西汉版本，一起重现古人进入神山的旅程。

1972 年，湖南长沙马王堆一号汉墓出土的"马王堆一号汉墓 T 形帛画"就是一个完美的例证（图 11.16）。虽然发掘《简报》将帛画的内容分为三个部分："上部代表天上，中部代表人间，下部代表地下"的划分得到了研究者的基本共识[1]，但我们依然可进一步依照形状，将其更粗略地按 T 字形分成"—"和"｜"两个空间。其上端"—"形空间

---

[1] 湖南省博物馆，《马王堆汉墓研究》，湖南人民出版社，1979 年，第 246 页。

图 11.16　马王堆一号汉墓T形帛画，长沙马王堆一号汉墓出土。现藏湖南博物院。

与"天上"相合，不做额外讨论，重点是其下"｜"形空间所占据的帛画中部。这个空间约占全画的二分之一，由龙、禽、人物等图像构成比较特殊的轮廓。最上边由华纹、鸟纹构成三角形的华盖，其下的鸟在飞翔。两侧由双龙交蟠于璧中……由交蟠的龙身分为上下两段，各绘有人物的场面。最下边的白色扁平物上，置有鼎、壶等器物，可能象征着大地。①

研究者将画面核心双龙交蟠的整体轮廓形象地描绘为"笋虡"，就是一种悬挂钟磬的立柱。笋虡的"上段有一老年妇女在拄杖缓行，后面有三个侍女随从，前面有两人跪迎，并捧着盛食品的案"②，这位老妇显然就是马王堆汉墓主人辛追夫人。下段也有一案，置有鼎、壶、耳杯等物，前有七人相对而立。在他们下方和外边，则由龟、蛇、鱼、龙等水族环绕。

有了本书已有的内容支持，谜底已在谜面上。当我们将双龙交蟠形状的笋虡视为一个器物的外部，将"｜"形空间最上方的华盖（及下方的蝙蝠）视作一个器盖的时候，就会发现"这个细颈圆腹带盖的壶形图案，就象征着传说

---

① 《马王堆汉墓研究》，第 250 页。
② 同上书。

中的三壶即蓬莱仙岛"①——这其实就是一个壶形世界的纵剖图。

现在我们可以从最下方位置往上重新审视这幅帛画的构图（图11.17）。首先，虽然西汉的绘画者尚未使用海水纹或莲瓣纹来代表环绕神山的巨大水域，但画面下方的水族群像已经证实了山在海上。其次，这座壶形昆仑将用"太仓/天厨贻食"的方式，迎迓初次登山的新住户，而下层案板上的鼎、壶、耳杯与侍者一同构成了迎接的现场。相比而言，后世青花瓷莲瓣纹上的杂宝纹，则以更便捷的随机方式取代了古老的准入机制。最后，获得准入资格的老妇人受到使者的迎接，领取了不死灵药（受道书，饮玉浆），在这座壶形神山中得到永生的一席。与之相对应的便是后世青花梅瓶腹部开光内的图案——一个与古仙人/隐逸者为伴的山中仙境。

构成壶身轮廓的双龙形状笋虡，便是承载墓主人跨越水域，逐级登高的天马或"六龙"。而龙口上方的华盖在此时又化身为壶盖，寓意山尖，栖息其上的凤鸟则喻示着还有比山更高的云上天界，时有召唤，共赴众仙的飨宴。

在其他研究者那里，这个壶形结构也可以被拆解为上

---

① 《马王堆汉墓研究》，第241页。

图 11.17 马王堆一号汉墓 T 形帛画下部壶形笋虡线描图。

下两个互为镜像的壶,帛画上部正向的壶为昆仑玄圃[1],"帛画下部的倒立之'壶'表达的正是'反居水下'的蓬莱"[2]。有趣的是,这一解释恰恰符合郢靖王夫妇墓中这对图案并不相近的梅瓶的作用:从蓬莱(青花龙纹梅瓶)乘龙渡海,前往昆仑秘境(四爱图梅瓶)。正是这对梅瓶的共同参与,执行了一千六百多年前马王堆汉墓帛画相同的功能。

梅瓶亦一道山

从蓬莱乘龙渡海,前往昆仑秘境,参加西王母的瑶池寿宴,这让我们又回到了耳熟能详的"八仙过海"的主线情节。没错,这个著名故事实际上就是古老的入冥观念的戏剧化表达,这个话题将由最终章第十二章负责展开。现在,让我们暂别炫酷的多元宇宙,先回到元青花瓷的主线故事之中。

首先,通过对郢靖王墓中一对青花梅瓶的分析,我们发现了梅瓶与古代堆塑魂瓶之间的联系。古老的堆塑模式转型为更易于批量生产的釉下彩制作,也使得器物具有了

---

[1]《汉帝国的遗产:汉鬼考》,第309页。
[2]《汉帝国的遗产:汉鬼考》,第311页。

更高的观赏价值。结合马王堆 T 形帛画上的壶状结构，梅瓶或壶状器源自海上仙山的结构脉络也由此显露——表面上是一个瓷瓶，其实亦是一座道山。其中莲瓣纹与海水纹的替换互通，多层带状纹饰的台阶式梯度分布，龙纹装饰所表现的渡海过程，以及以"四爱图"为代表的开光部分和昆仑仙境的对应关系，已经彻底澄清。

其次，元青花远播海外的缘由似乎也可从中一窥。既然此类昆仑山形梅瓶（或壶状器）都有着一致的明器起源，那么其在中国本土古代日常生活中的难得一见就显得"合情合理"了。这一点已经为中国本土元、明青花瓷的墓葬来源所证实。以其纹饰为蓝本的其他青花碗、盘、瓶状器物，也应当有着类似的用途。

所以，来自景德镇制瓷局的元代工匠，很可能出于对传统的严格遵循，在当时烧制了数量有限的青花瓷，专供蒙古西部汗国的官方赐赉。只不过，在"百无禁忌"且有着器物尚蓝装饰传统的亚洲西部汗国受赠者那里，被意外转变，还原为生活用品。这一现象甚至反过来鼓励了热衷蓝色装饰纹样的欧洲收藏者（图 11.18），以此作为中国青花瓷地位高尚的依据，并开始了大规模仿制（图 11.19），而罔顾其在中国本土真实的适用场景。

适度延伸一下，桥归桥，路归路，墓葬归墓葬。在日

图 11.18 葡萄牙桑托斯宫瓷厅天花板,金字塔形的天花板上镶嵌了 272 件中国瓷器。

图 11.19 明万历—天启青花开光山水图盘。现藏葡萄牙阿纳斯塔西奥·贡萨尔维斯博物馆。

常生活遗物极难存世的情况下，许多考古工作者都习惯将古代墓葬随葬品直接等同于墓主人生前物品，这一联系是非常值得商榷的。从逻辑上讲，随葬品的第一用途，极可能是专为入葬所定制，虽然与日常用品存在一定相似，但其材质、形式、装饰的选择，不应在未经甄别的情况下，百分之百地用于还原古人真实生活的原貌。前度广为报道的，床头摆放唐三彩是一例，以墓葬礼器模拟三代礼制是一例，当前对元青花瓷器的推崇则是现下的另一个例证。

最后，回到郢靖王夫妇本身。虽然文献记载了他们爱情甚笃、相敬如宾，以及死后同穴的相爱事迹，并用一对喻示同登昆仑的青花瓷瓶纪念了他们短暂的人生，然而，残酷的事实却不容辩驳，在文献和墓志铭上记载的王妃"自尽"，实为殉葬。明代早期从朱元璋在位时开始，"王妃为故亡的亲王殉葬似乎是一种惯例……郢靖王妃的殉葬也可以说是依例而为的无奈之举"[①]。不仅如此，一同殉葬的还有东、西配室中的六位侍女，通过她们随葬的"龙泉青瓷瓶四件、青瓷梅瓶一件、白瓷梅瓶一件"，我们或许能推测她们的身份高低，并进一步证实梅瓶与魂瓶之间的联系。

所幸，从明英宗开始，执行了半个世纪左右的后妃殉

[①]《郢靖王墓》，第210—211页。

葬制度终被废除。借助蓝色的青花瓷,人们终于能回归到一个纯净、安宁的世界。当然,梅瓶并非中国古人"器用陶匏",以肖昆仑、以象天地的终点,在下一个时代,人们又开始将对"壶天"的热情投入到一种全新的艺术实践当中,并完成工艺美术向舞台综合艺术的飞跃。

第十二章

畅音阁戏楼与人间昆仑

乾隆八旬万寿庆典

1790年的秋天，已经在位五十五年的乾隆帝即将迎来他的八十大寿。其实早在三年前，全国各地与京城内的官员们就已在为这次万寿庆典精心策划了。经过重臣阿桂的操办，从西直门到圆明园外石道的两旁，都已"点缀亭台、房座、山树、景物"，搭好了用于唱戏或歌舞的彩台。又依照惯例，"自西华门至西直门仍分为三段，令两淮、长芦、浙江商众来京自行办理点景，以遂其衢歌巷舞之忱"①。

不过，对于乾隆而言，真正的舞台在宫内。按照《八旬万寿庆典》的记载，庆典共有三个阶段。首先，在七月中旬，庆典就已经在承德避暑山庄内拉开序幕。前来祝寿

---

① 朱家溍，《清代内廷演剧始末考》，中国书店，2007年，第39页。

的宾客首聚承德行宫，参拜乾隆，而清廷则"作乐设戏于殿前三层阁，皆迓庆祝寿之辞"，以奉宾客。接着，时间来到八月初一，宾客们随乾隆一同返京，这一次等待他们的是圆明园内同乐园戏楼演出的连台本戏《升平宝筏》(《西游记》故事)。连演十日后，他们最终将于八月十三日来到紫禁城内，参加此次万寿庆典的最高潮部分。

农历八月十三日这天，正是乾隆生日当天，蒙古、回部、安南、朝鲜使臣与诸王、贝勒、阁部大臣一道，齐聚宁寿宫的畅音阁三层戏楼前，一同参拜万寿贺仪，共赴筵宴观戏。在远道而来的朝鲜使臣眼中，这戏台"于行宫东，楼阁皆重檐，高可建五丈旗，广可容数万人。设撤之际，不相胃碍。台左右木假山，高与阁齐，而琼树瑶林，蒙络其上，剪彩为花，缀珠为果"[1]。从辰时到午时，畅音阁内一共演出了十二折戏：蟠桃胜会、万仙集篆、王母朝天、喜祝尧年、升平欢洽、乐宴中秋、万国来议、回回进宝、五代兴隆、五谷丰登、家门清吉、群仙大会[2]。但见：

---

[1] 遗憾的是，对于这次乾隆在位期间最盛大的万寿庆典，清代文献竟没有一段完整的记述。由于清廷在热河、圆明园和宁寿宫建有相仿的三层戏楼，乾隆会在三地连续接待贺寿宾客，而每次演出的"皆迓庆祝寿之辞"。所以，这里引用的是朴趾源《热河日记》中，朝鲜使臣对乾隆四十五年，即十年前的乾隆七十大寿观戏场景的描述，演出地点为热河承德行宫内的清音阁戏楼。

[2] 王春晓，《乾隆时期内廷庆典承应戏的演出场合与体制》，《北京教育学院学报》，2017年第1期。

> 戏台阔九筵，凡三层……有时神鬼毕集，面具千百，无一相肖者。神仙将出，先有道童十二三岁者作队出场，继有十五六岁、十七八岁者。每队各数十人，长短一律，无分寸参差。举此则其他可知也。又按六十甲子扮寿星六十人，后增至一百二十人。又有八仙来庆贺，携带道童不计其数……①

畅音阁中的昆曲折子戏，让远来的使臣和乾隆帝一道陶醉于蟠桃胜会或群仙大会的舞台之中。但对民众而言，自西华门至西直门外之高梁桥，才是真正的舞台。在这个"张设灯彩，结撰楼阁"、亦真亦幻的天上人间中，只见：

> 锦绣山河，金银宫阙，剪彩为花，铺锦为屋，九华之灯，七宝之座，丹碧相映，不可名状。每数十步间一戏台，南腔北调，备四方之乐，伎童妙伎，歌扇舞衫，后部未歇，前部已迎，左顾方惊，右盼复眩，游者如入蓬莱仙岛，在琼楼玉宇中，听霓裳曲，观羽衣舞也。②

---

① [清] 赵翼，[清] 姚元之，《簷曝杂记·竹叶亭杂记》（卷一·大戏），中华书局，1997年，第11页。
② 《簷曝杂记·竹叶亭杂记》（卷一·庆典），第9—10页。

图 12.1　故宫宁寿宫畅音阁大戏楼。

    这场规模空前、远超以往的万寿庆典落幕于乾隆五十五年的仲秋。尽管那些曾经参演，贡献了无数仙凡奇观的六千多位京城、两淮、浙江戏曲演员[①]早已归于尘埃，但正如这些名班名伶所开启的"徽班进京"传奇那样，与

---

① 中国第一历史档案馆编，《乾隆朝上谕档》，档案出版社，1991年，第852页。"京城戏曲人等共三千二百六十五名、班头十名；两淮戏曲人等共二千一百六十二名、班头八名；浙江戏曲人等共八百七十五名、班头四名。"

徽昆交响——京剧——一同留下，成为历史一部分的，还有宁寿宫中那"戏台阔九筵，凡三层"的畅音阁戏楼，直与我们诉说当年"壶天"胜景。

畅音阁戏楼

始建于乾隆三十七年（1772年），四年后落成的畅音阁戏楼，是乾隆时期修建的三座清宫内规模空前的三层戏楼之一[①]（图12.1）。它最大的特点,毫无疑问就是"戏台阔九筵，凡三层"。

根据北京故宫博物院官方介绍，畅音阁三重檐，通高20.71米，卷棚歇山式顶，覆绿琉璃瓦黄琉璃瓦剪边，一、二层檐覆黄琉璃瓦。阁面阔三间，进深三间，与南边五开间扮戏楼相接，平面呈"凸"字形。上层檐下悬"畅音阁"匾，中层檐下悬"导和怡泰"匾，下层檐下悬"壶天宣豫"匾（图12.2）。

畅音阁内有上、中、下三层戏台，上层称福台，中层称禄台，下层称寿台。寿台面积为二百一十平方米，台内不设立柱，采用抹角梁。台面后部设有四座楼梯，接平台，

[①] 另两座是京西颐和园内的德和园大戏楼和承德避暑山庄的清音阁大戏楼。

图 12.2 畅音阁戏楼下层正面"壶天宣豫"匾额。

上楼梯可抵达禄台。寿台北、东、西三面明间的两柱上方，装饰鬼脸卷草纹木雕彩绘匾，唯正（北）面挂联："动静叶清音，知水仁山随所会；春秋富佳日，凤歌鸾舞适其机。"

台面中部设地井，盖板可开合。台下地面四角各有窨井一眼，南边中间有一眼水井，可为戏中表演喷水提供水源。禄台、福台均将前沿（北侧）作为台面，使观戏者抬头便可看到（图12.3）。三层台设天井上下贯通，禄台、福台井口安设辘轳（图12.4），下边直对寿台地井，根据剧情需要，

图 12.3　畅音阁戏楼中层内景。

图 12.4　畅音阁戏楼上层内景。

天井、地井可升降演员、道具等。使用三层台的剧目不多，绝大多数只在寿台上表演。①

在这个由"福、禄、寿"组成的三层舞台世界中，还藏着一座隐秘的"仙楼"："（寿台）上、下场门的上面有一层隔板，隔板上叫作仙楼。从仙楼到寿台，有四座木阶梯，叫作搭垛。从仙楼上、下场门出入的人物，可由搭垛下到寿台，也可经搭垛从寿台上仙楼。在仙楼两端，也各有一座搭垛，可通二层禄台。"②搭垛的侧面绘有五彩云头，被称作"虹霓"，是神仙们的固定通道。③

因此，加上隔层"仙楼"，畅音阁实际应该是四层。利用这多层结构，便能以一种立体、动态的方式演绎出一幕幕神奇的仙界奇观。比如，《升平宝筏》甲本第十五出"园熟蟠桃恣窃偷"中，需要展现被孙悟空大闹一番的天宫场景。"下层的寿台作蟠桃园；寿台后面的仙楼作开蟠桃会的瑶池；中层的禄台作太上老君的兜率宫；最上层的福台（升天门）则作为孙悟空逃走的路。"④最后，孙悟空的扮演者从禄台

---

① 畅音阁－北京故宫博物院，参考 https://www.dpm.org.cn/explore/building/236437.html。
②《清代内廷演剧始末考》，第 32 页。
③ 高琦华，《中国戏台》，浙江人民出版社，1996 年，第 75 页。
④ 同上，第 74—75 页。

下到仙楼，经下方寿台的上场门离场，结束了这场围绕蟠桃园、瑶池、兜率宫等仙界景观展开的冒险。

除了"仙楼""虹霓"这些仙意飘飘的构造，为了让表演呈现更多与众不同的奇观，畅音阁戏楼"还发展出一套特殊的舞台装置、道具，如云兜、云勺、云椅子、云板……所谓云兜，用铁板一块，四周围以木板，再穿极粗的绒绳，用绸布画云形为兜"①，以体现宛在云中飘摇的仙境视觉。

畅想一下，当表演者踏着云兜，或从巨大的桃树攀缘而上，进入树冠上方的瑶池；或沿着兜率宫外的云朵，直上天门，这个大型的立体舞台和武梁祠石刻的多层结构之间，又是何曾相像。唯一的差别大概是眼前这座宣豫的"壶天"之中，所有的仙人都从石刻造型中苏醒了过来，有了灵动的身姿和一口或雅部或花部的声腔（图 12.5）。

一切源自江南

乾隆五十五年进京参演的两淮、浙江戏班，开启了徽班进京的历史。当时"三庆班入京，自此继来者，又有'四

---

①《中国戏台》，第 77 页。

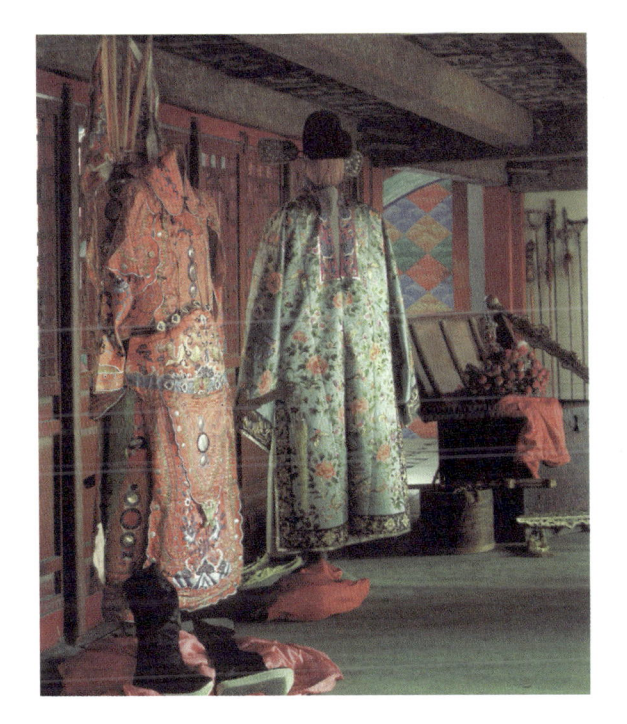

图 12.5　畅音阁戏楼后台一角。

喜''启秀''霓翠''和春''春台'等班。各班小旦不下百人，大半见诸士夫歌咏"。① 当然，孕育未来京剧的徽班，此时还没有资格出现在畅音阁中，为祝寿的主宾献演（据载，三庆班到咸丰十年，才得到唯一一次进宫搬演的

---

① [清] 袁枚，《随园诗话·批语》，人民文学出版社，1982年，第859页。

机会①)。当时在宫中演出的还是以"雅部"昆曲班子为主,以徽班为代表的后起之秀则被统称为"花部"。两者在日后能融为国粹京剧,或许因其有着共同的起源。

正如昆曲发凡于元代那个"儒生、小姐、道士、文士 / 乐师、皇亲国戚、将军、逸士 / 杂剧伶人、官吏 / 乞丐"欢聚一堂的江南园林(第九章),以弋阳腔为标志的徽剧戏班也源自南方,而且更靠近那个古老的江南。位于赣东北山地的弋阳地接浙西、皖南,这一区域历史上流行的悬棺葬俗,曾给东晋葛洪提供了"尸解成仙"的修道灵感(第六章)。道教正一派祖庭龙虎山天师府也因之选址于此。本地古已有之的冲傩还愿习俗(以降神、附身为主),便与相关科仪发生了相互渗透。用脸谱扮相、戏服装扮,以及模拟(想象)古人发音声腔的形式,再现古代人物悟道成仙过程的表演——从某种意义上讲,神明只是更久远的古人——既是强化法术效果的必要手段,客观上,也成为教化传承、娱乐大众的普遍形式。几乎可以说,无论雅部还是花部,都有着来自江南深处的文化烙印。

这片越人故地除了孕育徽剧唱腔外,还启发过《淮南子》与汉武帝的"昆仑山"之念(第一章)。以越地"干栏"

---

① 《清代内廷演剧始末考》,第 307 页。

图 12.6　上海豫园打唱台戏台。

式建筑为原型的楼居模式,不但给汉代的方士们提供了"仙人好楼居"的仙界建筑样式,还以"仙楼"的姿态,为那些传奇故事的演出创造了真实的舞台。值得注意的是,分布在大江南北的众多现存古戏台,都还保留了"干栏"式建筑的基本特征——以尽可能不起眼的柱桩,支撑起象征悬空飘浮的昆仑山的舞台主体(图 12.6)。

十几个世纪以来,以越地为核心的江南渐渐坐实了"扬子江心(岛)≡昆仑≡蓬莱≡江南≡月宫"的仙境恒等式。从魏晋时代开始,作为仙境本境的江南,不但一次又一次接受流亡士族、浪漫诗人、好奇访客的探险、造访，而且还通过一系列与之有关的物质文化制品，实现了江南文化的稳定输出。要么如隋炀帝一样独爱扬州，要么如唐玄宗一般流连"月宫"，要么似白居易痴迷太湖之石，甚至像宋徽宗复刻余杭凤凰山景，他们或用器物模仿，或者建造微缩园林，都只为把想象中的江南仙境搬到自家后院。

可他们似乎都忘记了，江南之所以为江南，不仅因为这些山山水水，更因为那些生长于斯的江南之人。正如宋徽宗对仙境无节制的开采，最终惊扰了山中真仙。聚会于昆山玉山草堂中的胡越僧道共谋了元末的鼎革风云。直到陈继儒受唐伯虎"江南人住神仙地"的启迪，验明了"心中有昆仑，处处是昆山"的道理，才真正让后人找到了进

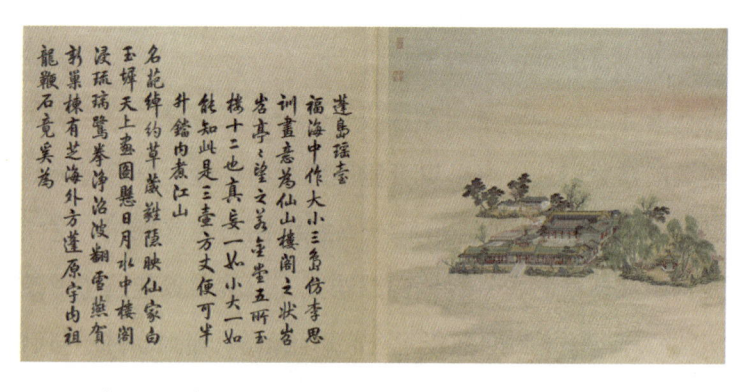

图 12.7 清圆明园四十景图（之三十二蓬岛瑶台）。现藏法国巴黎国家图书馆。

入仙境之门的钥匙。

于是，不但有了乾隆六下江南的故事，也有了乾隆朝三座戏楼的建成。巧合的是，这些戏楼的设计者，掌管清廷样式房的雷氏家族，同样来自江南（其中第四代掌门人雷家玺就负责了乾隆八十寿庆时，从圆明园到皇宫沿路景点楼台的设计和营造）。当来自江南的昆曲与徽班联袂现身于 1790 年的京城之际，紫禁城内外的人们便在不知不觉中打开了壶天门径，"如入蓬莱仙岛，在琼楼玉宇中，听霓裳曲，观羽衣舞也"（参图 12.7）。

山、水、故事

毫无疑问，上书"壶天宣豫"的畅音阁戏楼便是距离我们最近的"壶天"版本。从外面看，它是一座博山（炉）、一座蓬莱仙岛、一座昆仑神山；从内看，它就是一个自成一体的壶天世界。

在表现过程中，这个具体划分为"福、禄、寿"三层的壶状宇宙，延续了战国水陆攻战纹铜壶、马王堆 T 形帛画、汉代武梁祠石刻、历代铜镜/铜鼓，以及元明青花梅瓶等器物上所共有的多层结构（平面投影则是多重同心圆结构），并且提供了一个超大、超清的版本。可以说，这座 20.71 米高的三层戏楼,能帮助我们更清晰地透视中国古代器物造型和装饰风格的设计理念。

第一,山。壶天的原型即是神山,它可以是蓬莱,也可以是昆仑,还可以简称为昆山,或者是其在人间的巨大投影——江南。但要在一个可视的空间呈现出来,一个阶梯状分布式的多层结构是建筑学上最佳的选择。在仪式上,戏楼内的三层结构,大致对应了山脚、山腰、山顶这样基本的三段式划分(可对比图 12.8、图 12.9 和图 12.10)。

其中,山脚位置等同于车骑仪仗(武梁祠石刻)、五马浮雕(摇钱树座)、骑神兽仙人(青瓷魂瓶)。这是灵魂入山的开始,仪仗和奇幻异兽扮演了另一个世界迎来送往的角色。山腰位置等同于"竹林七贤"砖画、"唐皇游月宫"镜背画、四爱图场景(郢靖王墓梅瓶开光)。在这里,入山的灵魂在神山获得一个永久性的居所,并带有场景切换功能,但通常与灵魂生前的事迹对应(下详)。山顶,毫无疑问就是西王母的住所,代表昆仑的顶峰。在本书中涉及的每一件文物中都能找到,而且山顶上的宫阙有时可以象征性地替代整座神山(青白釉透雕人物瓷枕)。

山脚到山腰的攀登过程,被一棵捅开两层空间的通天神树所替代。这棵神树在武梁祠石刻(连理树)、西王母摇钱树、"竹林七贤"砖画(银杏、松树、槐树、垂柳等

图 12.8 东汉武梁祠西壁画像,即图 3.1。西王母高居山顶,下方分为山腰、山脚两层,合为三段。

图 12.9 西汉神兽纹尊,即图 3.11。山形器盖与下方两层式器身共同构成了熟悉的三段式结构。

图 12.10 甘肃酒泉丁家闸五号(东晋)十六国墓前室西壁及南壁壁画拼接图。为了呈现方便,笔者特意将南壁下方中部的"社树与猴子"拼接到了墓主人下方的位置。

树木)、"唐皇游月宫"镜(桂树)、四爱图梅瓶(梧桐、柳树、梅花树)中都有呈现,它们既提供了环境的渲染,又起到场景过渡的作用。因此,在畅音阁戏楼中,通天树便以仙楼的形式完成了不同山体空间的连接。我们还可以关注到,在早期的神树造型中,都有猴子捧桃(象征灵药)的造型,这应该是《升平宝筏》中孙悟空大闹蟠桃园一幕的结构性源头。

而1790年乾隆生日当天畅音阁所演"蟠桃胜会、万仙集箓、王母朝天……回回进宝……群仙大会"等十二折戏,实际上,就是对从进入昆仑山到登顶的一系列过程的仪式化呈现。尤其值得一提的是,第八折"回回进宝"在仪式结构上的醒目位置。

其一,其再现了"胡人遥集于上楹……神仙岳岳于栋间……"的仙境格局,澄清了"回回=胡人=仙人"的古代概念等式。其二,以高度浓缩的表述方式,涵盖了西王母摇钱树上"运送丹鼎的大象与象奴",或马王堆T形帛画中案板上"鼎、壶、耳杯"与侍者恭迎场面等多种场景,揭示了"回回进宝/胡人献宝"等主题中,宝物即丹鼎所盛不死灵药的本质。其三,结合第二点,为中国古人热衷青铜彝器(包括仿青铜器造型的器物)的收藏行为提供了文化上的解释:青铜器与丹药的密切联系,使古人从"以灵药为宝"延伸至"以青铜器为宝"。

第二,水。无论是《升平宝筏》或《西游记》,还是《八仙过海》剧目,在主题上,都用"宝筏""西游""过海"等关键词突出了渡过巨大水域这一宏大的意象(图12.11)。具体到每一件器物上,它既可以对应青瓷魂瓶器腹的水族、《洛神赋图》中的洛水潺潺、"唐皇游月宫"镜中桥下江海,以及青花梅瓶下腹部的莲瓣纹或海水纹、青花歇爵山盘上的波涛龙纹(图12.12—12.14),也可以对应畅音阁为戏中表演喷水提供水源的寿台地井。当然,一般民间戏台下方的"干栏"式柱桩也起到相同作用。而这一主题,与上述的壶天原型一道,构成了中国视觉艺术母题中最核心的"山

图 12.11 明周臣《江帆山阁》扇面画。现藏台北故宫博物院。

图 12.12 明永乐青花波涛龙纹爵杯与托盘。现藏台北故宫博物院。

图 12.13 明永乐青花波涛龙纹歇爵山盘。现藏台北故宫博物院。

图 12.14 明永乐青花波涛龙纹歇爵山盘俯视图。

水"意象。

第三,说出你的故事。依前述可知,理论上,入山者通常会凭其生平事迹,获得对应单元的入住资格。按照并不严格的划分,男性通常拥有文韬、武略或忠诚、仁孝等方面的"男德"选项。女性亦有虽不全面,但可以约略相对的"妇德"对应项(图12.15、图12.16)。有望入住神山的申请者,需要以重现一生最主要事迹的方式(或战死沙场,或蒙冤屈死),获得"陪审团"即观众的认可,在告别肉身的束缚后,获得栖居神山的永久资格。而这段人生重现的过程,就在形式上构成了传统戏曲表演的基本逻辑。

当然,"皮黄戏(京剧)的场面以及唱腔、武打比昆、弋更热闹富丽"①,因而在清宫中更受欢迎,不过更晚入京的徽班保留了更多越地古俗的特征。即证实了第三章的观点,在最初的形式中,进入神山万神殿的资格被拥有战功的男性英雄垄断,所以在徽班剧目中保留最多的也是武戏,活跃于越地的绍剧亦然。到汉代以后,神山入口才随着儒学普及,向圣贤和儒家学者开放,产生了"三代以来贤圣及英雄者为仙"的基本印象。接下来,入山标准逐代放宽,就陆续扩容到"竹林七贤"(东晋)、"八仙"(唐宋)以及女性(元

---

①《中国戏台》,第77页。

图 12.15 东汉"柏氏作"贞夫画像镜。现藏绍兴博物馆。

图 12.16 东汉"柏氏作"贞夫画像镜线描图。取自战国时宋国"贞夫韩凭"故事,韩凭妻子贞夫反抗宋王霸占,夫妻双双殉情,化为相思树。

代)……当表演者在戏曲舞台呈现自身遭遇时,便完成了由逝者的灵魂(男性多为国殒身,女性多有冤难伸)向昆仑山万神殿的迁移,也完成了一曲勾人心弦的生命史诗。

这大概就是畅音阁版的壶天宇宙对中国艺术史和戏曲史做出的最大贡献。

从前有座山

从博山炉到畅音阁戏楼,我们在本书中涉及的十二件(类)文物,只是中国数千年文明史上极小的一部分,还有多少文物可以尽入"壶"中,一时半会儿难以道尽。不过,我们既然已经提出了"文物藏诸名山"这一基本理论,还可以用这一分析模型对书中十二个章节提到的中国古代美学的变迁做一个简单梳理,并提出一些有趣的解释。

第一,从前有座山。这座山就是淮南王刘安向汉武帝推荐的昆仑山。这座神山很快与更早的海上仙岛形象融合在一起,不仅激励汉武帝毕生孜孜不倦地探险寻觅,而且以博山炉的具体造型,勾勒了中国古代神山崇拜的基本轮廓。虽然在此之前的东周时期出现的山字纹铜镜、水陆攻战纹盖豆(图 3.7)、石寨山型铜鼓(图 12.17),都提示(造型上广下狭的)神山信仰有着更早的起源,可以追溯到商、

图 12.17　西汉竞渡纹铜鼓（石寨山形），广西贵县（今贵港市）罗泊湾出土。现藏广西壮族自治区博物馆。

周，甚至史前，但真正将其造出的，还得是汉武帝时长安城里的能工巧匠。

第二，山上有棵树，树上有个人。有了神山之后，与之有关的意象便开始丰富起来。于是，作为神山主人的西王母被从古老的先秦传说中发掘出来，入住了昆仑之巅。如何在本来体积有限的艺术品上造出庞大宫阙、人物关系这一课题，促使东汉的造型艺术家们开动脑筋。他们将古老的宇宙树观念植入神山，从作为树座的昆仑山巅生长出一棵通天神木，在冲上云霄之处安放了西王母的龙虎座。这一神来之笔，不但为原本高冷寂寞的昆仑神山注入了重要的人气，也通过摇钱树的多层枝叶构造为神山未来的人口增长预留了开发空间。

第三，山上人丁兴旺起来。如之前章节所述，在越地原始的神山信仰中，每一个手握战功的先人都有机会进入被后人敬仰、祭祀的万神殿。这种真实的战功，既是武梁祠石刻保留的刺客故事与水陆攻战图像，也可以是越式铜提桶或铜鼓长舟竞渡纹饰中手持人首的形象。这种勇士记忆与圣贤形象的杂糅，在暗示两种文化潮流碰撞的同时，也反映出神山上的居住空间正面临前所未有的紧张，以至于完全不能满足于简单的方寸器物，而需要一座清晰到几层几室的石祠来一一安置。

第四，入山的路径渐渐清晰。从山脚到山顶都为人所知后，人们开始真正关心起入山的路径。包围神山的巨大水域——其原型是唯灵魂可渡的冥河或冥海——成为入山最大的阻碍。虽然古越人留下了划船渡海的首选方案（图 12.17—12.19，后来演变为浮槎、乘舟、宝筏等意象），但汉武帝刻意开发的"天马"入天门及其变体"六龙"方案，得到了古代帝王的普遍认可。这便有了《洛神赋图》

中,陈思王与洛水女神的羁绊。或许是受到曹植追求女神入山失败的教训激励,后世以"基建"闻名的登山者们,又开发出更稳健的第三套方案:造桥。这便是常见山水画(图6.5及其他)或园林中,跨越近景与中景的"小桥流水"(图12.20),以及"九曲桥"主题设计的底层逻辑(图12.21)。

第五,山中居住条件得到改善。经过几个世纪四海寻觅、上下求索之后,神山观念在魏晋时代辗转回到了它的越地故里。山中楼居或换骨函椟的模式,使北方南下的人们首次隐约感悟到江南就是昆仑。早先人们的观念中对神山缺乏近距离感受,当他们走近越人的山中楼栈时,普通

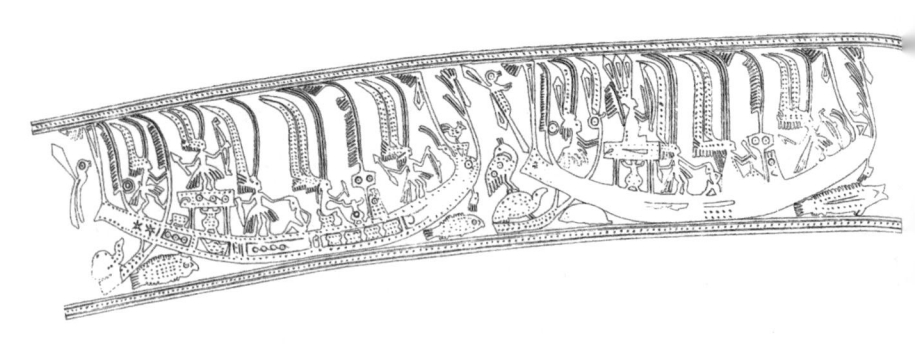

图 12.19　西汉船纹铜提桶线描图。

图 12.18　西汉船纹铜提桶，西汉南越王墓出土。现藏西汉南越王墓博物馆。

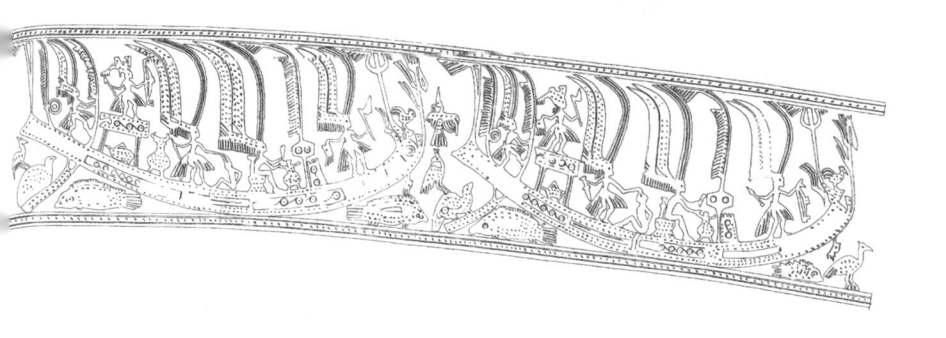

330 / 博物馆里的极简中国史：文明的碎片

图 12.20　南京瞻园北假山及曲桥。

图 12.21　上海豫园九曲桥。

民众对观楼高阙的现实体验，便取代了虚无缥缈的树栖云居（图 12.22）。于是，表现为魂瓶、陶楼的魏晋遗物，既保留了海中神山的基础造型，又以楼居的形式体现了人们对昆仑山中更高级住宿条件的渴望。

第六，入空山不如真山，山中又添新人。理想主义者向往空中飘摇的昆仑和西王母，现实主义者走进了真实的山中竹林。魏晋时"竹林七贤"以身入山的举动成为时代的新偶像，在勇士和圣贤的夹缝中硬生生挤出一片新的空间。他们的创举受到东晋南渡人士的追捧，原因在于，他们真的有了一座昆山。既然身已在山中，又何必拘泥于自

图 12.22　元陆广《仙山楼观图》轴。现藏台北故宫博物院。

图 12.23 清乾隆御题"神运石"青金石山子。现藏台北故宫博物院。

己拿到的标签牌上写着"忠勇"还是"仁孝",抑或醉酒佯狂呢。由此而来的楼居与山居之间的转变,使得"竹林七贤"砖画成为这一时代当之无愧的名片。

第七,昆仑化身。随着隋唐时南北恢复交通,江南再次向中原开放。此时的昆仑同时具有了极大与极小两个化身。一是被江海环绕的长江下游三角洲的平原和山地,这一近十万平方公里的广大区域——江南由此而来——成为巨大的昆仑；二是藏身于"唐皇游月宫"镜中，由月宫仙境所象征的极高、微缩昆仑。换上山中仙人的装束、模仿仙子的一颦一笑，唐玄宗不但首次体验到了模拟仙境的乐趣，也让自己荣膺中国戏曲祖师的称号。

第八，再造昆仑。并非所有人都能如唐玄宗一样坦然登月，让自己勇攀昆仑山巅的形象在镜背永远流传，宋代的帝王们执意要将昆仑搬到自家宫苑。源源不断的花石纲的确堆叠出了一座由江南奇石塑造的汴京昆仑——艮岳（参图 12.23），但离开神山的奇石终将失去它本来的灵力，来自太湖的神运石与祥龙石，也迅速放弃了对北宋国运的庇佑。直到宋高宗再次将北方宫廷搬到了江南，在真昆仑的滋养下，南宋的国祚方得延续百年。

第九，人人皆可入昆仑。宋元之后，远洋、近海贸易的繁荣，使得江南的富裕拟于传说中的昆仑。此间的无比繁华，使那些在现实中迷失的人都做起自己的昆山梦。原本只向勇士、圣贤、名士开放的仙境，现在面向大众打开山径。一个原因是江南的富庶虽不是万能的，但足以在神山新造几处馆舍，让有缘的"男女老少富贵贫贱"一同在都市丛林中把酒言欢，分享自己的故事。

第十，处处是昆仑。陈继儒与董其昌联袂创作的《婉娈草堂图》，将不起眼的江南小丘化作心中昆仑。身在江南的人们终于明白，原来自己早已身在昆山。既然如此，又何必学那古人操劳，寻寻觅觅终不得入；只要闭目凝神，昆仑已登。

第十一，藏昆仑于壶中，携昆仑于海外。北宋花石纲的故事告诉我们，没有人可以带走山上的一石一木；但是来自景德镇的青花瓷温馨提醒，只要银货两讫，昆仑山纪念品可以整体打包打走。作为魏晋魂瓶的最新版本，元、明青花瓷梅瓶不但能藏昆仑于壶中，还将这种独特的中式美学远播海外，以青花瓷的面貌，为昆仑再添新颜。

第十二，人间昆仑。清代畅音阁戏楼的最终登场，宣告人间昆仑的最终成型。而今这座人气旺盛的新昆仑上，不但住满了古代著名的帝王将相，也住着缠缠绵绵的才子佳人，所有的住客都有机会在这个方寸舞台上讲述自己的成仙经历。所有这一切，让这个被鲜活演绎的神山世界构成了每个中国人艺术审美的精神之源（图12.24）。

说罢十二个章节，我们可以得出一个基本的结论，中国文物追根溯源，都可以回到那座"山"中。只不过，有时是整体，有时是局部；有时是从空中俯视，有时是在山中仰望；有时是登山人，有时是过海龙；有时是施工平面图，有时是微缩复制模型，不管是什么，都需要我们慧眼识珠。除了书中介绍的诸多文物，其实还有许多未及提到的，假

图 12.24 清孙温《红楼梦》第一幅"石头记大观园全景图"。现藏旅顺博物馆。

山盆景、玉石山子、元宵彩山早已一目了然；内画鼻烟壶、紫砂茶壶、海水江崖纹袍服/织物（图 12.25）、寺院塔刹，那就需要动动脑筋。其实连著名的鹳鱼石斧彩陶缸（图 12.26）、大克鼎（图 12.27）等商周青铜器，博局纹铜镜（图 12.28），都可以从"山"中获得全新解读。至于还有哪些"只缘身在此山中"的古代文物等待我们发现，将是本书留给各位读者的一道思考题。

艺术、戏曲、江南

从一座渺无人烟的博山昆仑变成一座人声鼎沸的畅音

图 12.25　清一品文官缂丝补子。私人收藏。不论文武，清代官员前襟补子都有禽、兽立于海上神山的图案，不同的动物体现不同品级。参考图 48 东汉乘云气仙人之龙车龟车鹤驾图案，结合官袍本身的海水江崖纹，象征穿着者约等于以不同方式登瀛的古仙人。

阁昆仑，大概经历了两千多年。在这两千多年中，昆仑的形状和材质变了许多，甚至连表现手段都有着惊人的差异，而不变的则是古人对神山中美好彼世的期待。书到此处，本书关于文物的讨论已经基本完成。不过，还有一个明面上的主题加两个隐藏主题，值得稍作总结。

图 12.26　仰韶文化鹳鱼石斧彩陶缸，河南临汝阎村出土。现藏中国国家博物馆。

图 12.27　西周大克鼎，陕西扶风县法门镇任村出土。现藏上海博物馆。

第一，艺术。本书表面上以器物入手，实际上如标题所言，将关于中国古代艺术的讨论贯彻始终。在中国艺术世界的诸多题材中，不论林泉还是隐逸，核心只有一个，就是独爱"山水"（在艺术设计领域，则曰"海水江崖"）。如果要在这两个字中再做一选择，便只剩下一个"山"字。由本书全十二章可知，这座古代文人、艺术家心中无比崇高的神山，就是昆仑山（或简称"昆山"）。

这座高山不是汉代以后中国西部的同名山脉，而是《淮南子》所提到的天下最高山峰。这座想象中的神山原型，

图 12.28　西汉"中国大宁"瑞兽博局纹鎏金铜镜。湖南长沙伍家岭 211 号墓出土。现藏中国国家博物馆。

来自古代华南越人将祖灵送归云上山巅的观念。因此,中国美术中的山水诗意,虽然"天台、雁荡、凤凰、庐阜"各呈其美,但在古今画家笔下,写意而不写实;本质上,它们都不代表具体名山,而仅仅作为艺术家心中"昆仑"的不同化身而存在。

至于山水之"水",在画面中都以溪水或河流的形象(瀑布的意义往往在于体现山体崇高)出现于画面的次要位置。因为对于昆仑意象而言,其下方的江海只起到限制凡人攀登的物理屏障的作用。有时在水面上点缀以孤帆、渡船,

图 12.29　元钱选《幽居图》。现藏北京故宫博物院。

或架设溪流的小桥，都隐喻了从凡间登瀛的成仙之旅（图 12.29、图 6.5、图 10.6 等皆然）。一句话，青绿山水水墨图，只摹一座昆仑山。

　　第二，戏曲。本章以畅音阁戏楼作为全书结尾的用意，就阐明了全书的第一个隐藏主题，中国戏曲之起源。无论昆曲还是（起源徽剧的）京剧，以及后起的越剧，都有着一致的江南起源。一言以蔽之，它们都与南方道教有着千丝万缕的联系，共同分享了曾活跃于皖南、浙南、赣东北的越人古俗。

　　从《西京赋》中提到的"总会仙倡"开始，"东海黄公、

赤刀粤祝"①便以武士之魂附体的模式,展现了中国戏剧表演的原始样貌——搬演古人勇武事迹,本质上是送魂入神山(昆仑)仪式的核心部分(参图12.30)。结合武梁祠石刻的先贤阶梯式分布,和陶弘景"自三代以来贤圣及英雄者为仙"的观点来看,越人自古便有一种送、迎古代英雄人物(或祖先)之灵往返神山与人间,与世人同乐的习俗。其对外表现为一种降神(招魂)仪式,对内则由仪式助手

---

① 东周到汉代时,越文化分布地跨黄淮沿海,远较汉代以后仅限江南为广大;东海、粤(越)祝也在此范围之内。参张经纬,《四夷居中国——东亚大陆人类简史》,中华书局,2018年,第58—59页。

图 12.30　元青花萧何月下追韩信图梅瓶，江苏省南京市江宁县东善桥观音山沐英墓出土。现藏南京博物院。

用服饰、脸谱／面具扮相、道具和声腔扮演古人，再现这些"贤圣及英雄"入山为仙的过程。换句话说，我们今天所见的戏曲表演，在结构逻辑上都只是（剧中主人公）成仙仪式的一部分，这即是今日可见的中国戏曲的最初形态。

随着晚近时代戏曲娱乐性增强，仪式性下降，舞台表演开戏和散戏时请神、送神仪式被大幅削减，演变成今日所见的连台本戏或折子戏的形式。只有一些戏曲界的行规，还保留了降神仪式的一些痕迹（比如，脸谱画好后不得与演员说话，表演结束时必须扫坛送神）。不过，在畅音阁庆祝乾隆八十大寿的舞台上，通过十二折祝寿戏的演绎，让我们又在这个仿佛越式楼居的戏楼上，依稀看到了栖居于昆仑之巅的仙人世界。

在更多时候，这些古仙人便以浮雕或镂雕戏曲故事人物的形象，常驻戏曲舞台、宗祠梁柱或徽式建筑的门罩上（图12.31）。从这个意义上讲，所有的传统戏台也都是一座昆仑山（图12.32）。

第三，江南——本书最后也是最终的隐藏主题。通过十二章内容的讲述，本书也完成了对"江南"这一古老意象的终极呈现。如前所言，至隋唐时，已经成为昆仑在世间的极大化身。其中江海为表，而山川为里；吴越之交的水乡平原塑造了富裕的江南形象，而浙、皖、赣、闽山中的江南，贡献了所有文化江南的源头活水。由此即澄清了江南这一意象从远古至今被无数文人和艺术家所推崇和向往的原因。

从史前时代开始，江南便以物质丰裕给东亚中、高纬度地区的居民留下极深刻的印象。良渚文化主导的玉文化潮流，环鄱阳湖盆地始于商、周的铜矿开采史，从一开始就为当地贴上了"富饶"的标签。伴随这些物质财富的对外分享，本地古越族居民所实践的生活诸元素，就以非物

图 12.31　上海豫园古戏楼额枋戏曲人物浮雕。

质文化的形式，在之后的数千年中实现了一轮又一轮的文化输出。

随《淮南子》的昆仑形象一同传入长安的，还有越式"干栏"建筑，由此引发了"仙人好楼居"的汉代建筑革命。而越式悬棺葬俗，则直接启发了地仙、尸解仙观念的诞生。之后，灵璧太湖诸石、二浙奇竹异花……这些来自江南的原材料，从精神层面到物质层面不断塑造着中国古人的仙境想象。既然仙境的建材全部取自江南，那么作为临摹原型的江南还有什么自谦的理由。"山不在高，有仙则名"，昆山／小昆山不必高耸，身在江南即为神仙之地。更不用说，

图 12.32 上海豫园古戏台及下方"干栏"式结构。

产自景德镇的青花瓷器,向海内外输出了壶形昆仑的普及版本;而徽剧和昆曲则为这个壶天世界灌制了美妙动人的音效和动画。这一文化意象的诞生(图 12.33),既是江南的成功,也可以说是吴越文化的成功。

好几个世纪之前,当宋元之间的娄江港(今刘家港)码头取代青龙港,一跃成为江南出海的港口时,冥冥中,那条沿着自娄江溯流而上太仓、昆山、苏州的路径,已经在舆地上完成了集江南于昆仑(昆山)的地景绘制。自江口西向,经过汇集江南漕粮的太仓,仿佛享受入山前"太仓 / 天厨贻食"的飨宴。继续前进,则是曾经召开玉山雅集,让无数世人流连此间,不辨仙凡的人间昆山。最终,向人们打开天门的则是富甲天下,"上有天堂,下有苏杭"的苏州。从这个意义上讲,范成大笔下的"天堂"或许并非修辞,而完全对应了古人心中人间真昆仑的宇宙景观。

数百年后的今天,以此为圆心的江南依然凭借这江海环绕的优越地理条件——居于"海上"——维系着中国经济支柱的地位。这一点并不让人感到意外。虽然此间的人们早已走下霓裳羽衣、楼阁玲珑的昆仑仙楼,但沿着深水港口进出于此的万国货物早已使人悟道,昆仑之所以为昆仑,非其高冷,而是其富裕。正是凭借不竭的创造力和海纳百川的精神,赋予了历史上昆仑的繁荣和财富。毫无疑问,

图 12.33　扬州个园抱山楼及"壶天自春"匾额。

今日的江南仍将在很长一段时间里，继续谱写这个海上昆仑的现代神话。

参考书目

练春海著,《博山饰源流考》,《民族艺术》,2013 年第 5 期。

唐兰著,《昆仑所在考》,《国立北京大学国学季刊》,1937 年,第 6 卷第 2 期。

赵培著,《汉初德水与敦煌"天马"祥瑞——渥洼水出天马史事申说》,《文史知识》,2019 年第 3 期。

安志敏著,《"干栏"式建筑的考古学研究》,《考古学报》,1963 年第 2 期。

姜生著,《汉帝国的遗产:汉鬼考》,北京,科学出版社,2016 年。

A.S. Melikian-Chirvani, The International Achaemenid Style, Bulletin of the Asia Institute, 7, 1994.

[英] 杰西卡·罗森著,《祖先与永恒:杰西卡·罗森中国考古艺术文集》,邓菲、黄洋、吴晓筠译,北京,生活·读书·新知三联书店,2011 年。

[伊朗] 哈比比安拉·阿亚图拉希著,《伊朗艺术史》,王泽壮译,[伊朗] 谢米·哈格什那斯译,长沙,湖南美术出版社,2023 年。

[日] 林巳奈夫著,《刻在石头上的世界:画像石述说的古代中国的生活和思想》,北京,商务印书馆,2009 年。

缪哲著,《从灵光殿到武梁祠:两汉之交帝国艺术的缩影》,北京,生活·读书·新知三联书店,2021 年。

李淞著,《论汉代艺术中的西王母图像》,长沙,湖南教育出版社,2000 年。

郑岩著,《逝者的面具:汉唐墓葬艺术研究》,北京,北京大学出版社,2013 年。

何志国著,《四川绵阳何家山 2 号东汉崖墓清理简报》,《文物》,1991 年第 3 期。

张经纬著,《横空出世莽昆仑——中国古典世界中"昆仑"的变迁》,《青藏高原论坛》,2015 年第 2 期。

赵增殿,袁曙光著,《从"神树"到"钱树"——兼谈"树崇拜"观念的发展与演变》,《四川文物》,2001 年第 3 期。

[美] 巫鸿著,《武梁祠:中国古代画像艺术的思想性》,柳扬,岑河译,北京,生活·读书·新知三联书店,2006 年。

[美] 巫鸿著,《黄泉下的美术:宏观中国古代墓葬》,施杰译,北京,生活·读书·新知三联书店,2010 年。

[美] 巫鸿著,《重屏:中国绘画中的媒材与再现》,文丹译,上海,上海人民出版社,2010 年。

[美] 巫鸿著,郑岩编,《残碑何在:巫鸿美术史文集卷五》,上海,上海人民出版社,2021 年。

邵彦著,《<洛神赋图>是顾恺之画的吗》,《紫禁城》,2005 年第 S1 期。

邹清泉主编,《顾恺之研究文选》,上海,上海三联书店,2011 年。

戴燕著,《<洛神赋>:从文学到绘画、历史》,《文史哲》,2016 年第 2 期。

石守谦著，《移动的桃花源：东亚世界中的山水画》，北京，生活·读书·新知三联书店，2015年。

石守谦著，《从风格到画意：反思中国美术史》，北京，生活·读书·新知三联书店，2015年。

[美]班宗华，白谦慎编，《行到水穷处：班宗华画史论集》，北京，生活·读书·新知三联书店，2017年。

李丰楙著，《仙境与游历：神仙世界的想象》，北京，中华书局，2010年。

[唐]张彦远著，《历代名画记》，北京，人民美术出版社，2004年。

颜晓军著，《宇宙在乎手：董其昌画禅室里的艺术鉴赏活动》，杭州，浙江大学出版社，2015年。

上海博物馆编，《董其昌和他的江南》，北京，北京大学出版社，2019年。

上海博物馆编，《异域同辉：陶瓷与16—18世纪的中西文化交流》，上海，上海人民美术出版社，2022年。

仝涛著，《五联罐和魂瓶的形态学分析》，《考古与文物》，2004年第2期。

王晓毅著，《竹林七贤考》，《历史研究》，2001年第5期。

王明发著，《画像砖<竹林七贤与荣启期>》，《江苏地方志》，2001年第5期。

南京博物院著，《江苏丹阳胡桥南朝大墓及砖刻壁画》，《文物》，1974年第2期。

山东省文物考古研究所，临朐县博物馆著，《山东临朐北齐崔芬壁画墓》，《文物》，2002年第4期。

安徽省文物考古研究所，六安市文物局编，《六安出土铜镜》，北京，文物出版社，

2008 年。

静安编,《甘肃丁家闸十六国墓壁画》,重庆,重庆出版社,1999 年。

丁文父编,《御苑赏石》,北京,生活·读书·新知三联书店,2000 年。

吴新雷著,《论玉山雅集在昆山腔形成中的声艺融合作用》,《文学遗产》,2012 年第 1 期。

吴新雷著,《昆山腔形成期的顾坚与顾瑛》,《文化艺术研究》,2012 年第 2 期。

石守谦著,《董其昌〈婉娈草堂图〉及其革新画风》,《中央研究院历史语言研究所集刊》,第 65 本。

秦晓磊著,《江南人住神仙地:16 世纪吴门绘画对仙山图像的借鉴与转化》,《文艺研究》,2022 年第 8 期。

郭伟其著,《停云模楷:关于文徵明与十六世纪吴门风格规范的一种假设》,杭州,中国美术学院出版社,2012 年。

北京故宫博物院、上海博物馆编,《南宗北斗:董其昌诞生四百五十周年书画特集》,澳门,澳门艺术博物馆,2015 年。

湖北省文物考古研究所、荆门市博物馆、钟祥市博物馆编,《郢靖王墓》,北京,文物出版社,2016 年。

刘新园著,《元文宗——图帖睦尔时代之官窑瓷器考》,《文物》,2001 年第 11 期。

湖南省博物馆编,《马王堆汉墓研究》,长沙,湖南人民出版社,1979 年。

崔鹏、周浩著,《元青花四爱图梅瓶纹饰研究》,《江汉考古》,2016 年第 3 期。

朱家溍著,《清代内廷演剧始末考》,北京,中国书店,2007 年。

王春晓著,《乾隆时期内廷庆典承应戏的演出场合与体制》,《北京教育学院学报》,2017年第1期。

[清]赵翼,[清]姚元之著,《簷曝杂记·竹叶亭杂记》(卷一·大戏),北京,中华书局,1997年。

中国第一历史档案馆编,《乾隆朝上谕档》,北京,档案出版社,1991年。

高琦华著,《中国戏台》,杭州,浙江人民出版社,1996年。

李畅著,《清代以来的北京剧场》,北京,燕山出版社,1998年。

于质彬著,《南北皮黄戏史述》,合肥,黄山书社,1994年。

[清]袁枚著,《随园诗话·批语》,北京,人民文学出版社,1982年。

廖敏著,《元代道教戏剧研究》,成都,巴蜀书社,2013年。

本书部分图片来源:

中国青铜器全集编辑委员会编,《中国青铜器全集(秦汉)》,北京,文物出版社,1998年。

李建伟,牛瑞红编著,《中国青铜图录(下)》,北京,中国商业出版社,2000年。

江西省文物考古研究所,首都博物馆编,《五色炫曜:南昌汉代海昏侯国考古成果》,南昌,江西人民出版社,2016年。

苏士澍,吴伟编著,《大圣遗音:中国古代最美的艺术品》,北京,文物出版社,

2006年。

绵阳市文物管理局,绵阳博物馆编,《涪江遗珠:绵阳可移动文物》,北京,科学出版社,2015年。

四川省文化厅,四川省文物管理局编著,《天府藏珍——四川馆藏文物精华》,成都,四川科学技术出版社,2009年。

国家文物出境鉴定四川站,四川大学博物馆编,《四川文物精品:青铜器》,成都,巴蜀书社,2021年。

中国画像石全集编辑委员会编,《中国画像石全集:山东汉画像石》,济南,山东美术出版社,2000年。

中国画像石全集编辑委员会编,《中国画像石全集:陕西、山西汉画像石》,济南,山东美术出版社,2000年。

中国画像石全集编辑委员会编,《中国画像石全集:四川汉画像石》,郑州,河南美术出版社,2000年。

徐光冀,汤池,秦大树,郑岩编,《中国出土壁画全集(十卷)》,北京,科学出版社,2012年。

中国美术全集编辑委员会编,《中国美术全集:绘画编12·墓室壁画》,北京,文物出版社,2006年。

中国美术全集编辑委员会编,《中国美术全集:绘画编18·画像石画像砖》,北京,文物出版社,2006年。

蒋英炬,吴文祺著,《汉代武氏墓群石刻研究(修订版)》,北京,人民美术出版社,2014年。

彭长林著,《越南早期考古学文化研究》,南宁,广西科学技术出版社,2018年。

中国陶瓷全集编辑委员会编，《中国陶瓷全集：秦汉》，上海，上海人民美术出版社，2000年。

中国陶瓷全集编辑委员会编，《中国陶瓷全集：三国两晋南北朝》，上海，上海人民美术出版社，2000年。

中国陶瓷全集编辑委员会编，《中国陶瓷全集：宋（下）》，上海，上海人民美术出版社，2000年。

中国陶瓷全集编辑委员会编，《中国陶瓷全集：元（下）》，上海，上海人民美术出版社，2000年。

张柏主编，《中国出土瓷器全集：山西卷》，北京，科学出版社，2008年。

张柏主编，《中国出土瓷器全集：河北卷》，北京，科学出版社，2008年。

中国古代书画鉴定组编，《中国绘画全集》，杭州，浙江人民美术出版社，1997年。

静安编，《甘肃丁家闸十六国墓壁画》，重庆，重庆出版社，1999年。

安徽省文物考古研究所、六安市文物局编，《六安出土铜镜》，北京，文物出版社，2008年。

王春法主编，《镜里千秋：中国古代铜镜文化》，北京，北京时代华文书局，2021年。

上海博物馆编，《练形神冶 莹质良工——上海博物馆藏铜镜精品》，上海，上海书画出版社，2005年。

西安市文物保护考古所编著，《西安文物精华：铜镜》，北京，世界图书出版公司，2005年。

绍兴博物馆编，张宏林著，《鉴影觅韵——铜镜中的文化与故事》，北京，文物出版社，2015年。

丁文父编，《御苑赏石》，北京，生活·读书·新知三联书店，2000年。

上海博物馆编，《高斋隽友：胡可敏捐赠文房供石》，上海，上海书画出版社，2020年。

[明] 林有麟，《素园石谱》，天津，天津古籍出版社，2011年。

[元] 王实甫，《新刊奇妙全相注释西厢记》（明弘治刊本影印版），杭州，浙江古籍出版社，2004年。

蓝先琳编著，《中国古典园林大观》，天津，天津大学出版社，2003年。

许忠陵编，《吴门绘画》，上海，上海科学技术出版社，2007年。

湖北省文物考古研究所，荆门市博物馆，钟祥市博物馆编，《郢靖王墓》，北京，文物出版社，2016年。

上海博物馆编，《幽兰神采：元代青花瓷器特集》，上海，上海书画出版社，2012年。

上海博物馆编，《灼烁重现：15世纪中期景德镇瓷器特集》，上海，上海书画出版社，2019年。

上海博物馆编，《东西汇融：中欧陶瓷与文化交流特集》，上海，上海书画出版社，2021年。

顾森主编，《中国汉画大图典：第七卷丹青笔墨》，西安，西北大学出版社，2022年。

于倬云主编，《故宫建筑图典》，北京，紫禁城出版社，2007年。

西汉南越王博物馆编,《西汉南越王博物馆珍品图录》,北京,文物出版社,1999年。

高春明著,《中国历代服饰文物图典:清代附录》,上海,上海辞书出版社,2019年。

后记

从2021年年底开始,本书的写作历时一年零八个月,于2023年6月下旬终告完工。原先计划到2022年年中就能结稿,不料出于各种原因竟然延期一年。不禁令人感叹时间宝贵,生命之重。

2022年上半年的一记暂停,将上海封印,也封住了我的思路。当时闭门在家,妻子身怀六甲,每日惶惶,无心旁顾,写作计划被迫中断。人在家中,全力关心粮食和蔬菜之余,只能将已完成的六章改了又改,后面的内容一时停滞。

熬过半年,一边等待新生命的到来,一边缓慢重拾思路。10月中旬,随着女儿呱呱坠地,失去的灵感也逐渐找到了归路。满月、百日、全家染疫、转阴……每一个片段都与本书的进展交织相伴。初稿于2023年6月终于完成。虽然延时整整一年,最后为全书选图扫描又花去两个多月,但配上图例后的书稿确实让我觉得,没有辜负这额外的时光。

这篇后记谨记与妻、女共度的这段生命旅程。感谢你们让我的人生进入全新篇章。

　　书中的内容自有读者品评。后续关于中国古代艺术的作品，还会进一步推出。有任何意见或建议，欢迎联系 zhjwmuse@126.com。

张经纬

2023 年 8 月 20 日

于上海博物馆

图书在版编目（CIP）数据

博物馆里的极简中国史 . 文明的碎片 / 张经纬著
. —北京：北京联合出版公司，2024.6（2025.6 重印）
ISBN 978-7-5596-7554-5

Ⅰ.①博… Ⅱ.①张… Ⅲ.①中国历史 – 通俗读物②艺术史 – 中国 – 通俗读物 Ⅳ.① K209 ② J120.9-49

中国国家版本馆 CIP 数据核字（2024）第 074495 号

博物馆里的极简中国史 . 文明的碎片

作　　者：张经纬
出 品 人：赵红仕
责任编辑：牛炜征

北京联合出版公司出版
（北京市西城区德外大街 83 号楼 9 层 100088）
天津海顺印业包装有限公司印刷　新华书店经销
字数 214 千字　880 毫米 × 1230 毫米　1/32　11.75 印张
2024 年 6 月第 1 版　2025 年 6 月第 2 次印刷
ISBN 978-7-5596-7554-5
定价：59.00 元

版权所有，侵权必究
未经书面许可，不得以任何方式转载、复制、翻印本书部分或全部内容。
本书若有质量问题，请与本公司图书销售中心联系调换。电话：010-82069336